A Julie Joffrin,

cette autre musique pour les élections européennes...

Sincèrement

Edria F.

Croire et agir

Du même auteur

Romans

Un capitaine sans importance, Points-Seuil.
L'Homme de Verdigi, Points-Seuil.
La Dernière Manche, Points-Seuil.
Il est minuit, Monsieur K, Points-Seuil.
S'il n'en reste qu'une, Grasset, Points-Seuil.
Après le temps, Grasset (à paraître).

Nouvelles

Le Chemin de la mer, Grasset, Points-Seuil.
Première personne du singulier, Points-Seuil (prix Goncourt de la nouvelle).
Dernières Nouvelles du futur, Grasset, Points-Seuil.
Histoires naturelles, Grasset (à paraître).
Le Bar de la dernière chance, Grasset (à paraître).

Poésie

Bourlinguer, Paragraphes littéraires de Paris.
Aventures et voyages, Paragraphes littéraires de Paris.
Au long cours, Éditions Saint-Germain-des-Prés.
Éphémérides, Plon.

Essais

Guerre en Afghanistan, La Table ronde.
De l'esprit d'aventure (avec G. Chaliand et J.-C. Guilbert), Points-Seuil.
Le Regard du singe (avec G. Chaliand et S. Mousset), Points-Seuil.
Combattre !, Éditions de La Martinière.

(suite en fin d'ouvrage)

Patrice Franceschi

Croire et agir

États-Unis d'Europe contre Union européenne

PLON
www.plon.fr

92, avenue de France
75013 Paris
Tél. : 01 45 87 50 01
www.plon.fr
www.lisez.com

Mise en pages : Facompo
Dépôt légal : mars 2024
ISBN : 978-2-259-31804-4

Aux enfants de mes enfants, un jour…

« Ce qui est requis est une nouvelle création imaginaire d'une importance sans pareille dans le passé, une création qui mettrait au centre de la vie humaine d'autres significations que l'expansion de la production et de la consommation, qui poserait des objectifs de vie différents, pouvant être reconnus par les êtres humains comme valant la peine. »

Cornelius Castoriadis,
La Montée de l'insignifiance.

« Devant cette confluence de la crise sociale et de la crise économique, nous ne pouvons plus nous permettre de manquer d'imagination ; nous ne pouvons plus nous permettre de négliger la pensée utopique. »

Murray Bookchin,
The Ecology of Freedom.

Note de l'éditeur

Ce *manifeste politique* est à la croisée des deux itinéraires de vie de Patrice Franceschi. D'une part, ses recherches en philosophie politique accomplies pendant de longues années à la Sorbonne pour tenter d'élaborer des relations conceptuelles entre les différents types de démocraties et les identités collectives exprimées par le multiculturalisme. D'autre part – et en parallèle –, son expérience concrète des Hommes et de la vie, exercée partout dans le monde pendant quarante-cinq années d'aventure et d'engagement.

Son premier itinéraire de vie l'a conduit à se tenir à distance de tout parti politique afin de préserver sa liberté de penser. Il s'est également refusé à appartenir à quelque institution que ce soit pour conserver son entière liberté d'action. Dès son entrée dans la vie, il a donc choisi l'insécurité en échange de ces deux libertés – et a accepté d'en payer le prix.

Son second itinéraire de vie l'a mené dans quatre domaines d'engagement où il est encore possible d'« épuiser le champ du possible » – et de donner ainsi un sens à son existence.

Tout d'abord, les guerres et les révolutions : il a combattu dans les rangs de la résistance afghane aux côtés du commandant Mohamed Amin Wardak pendant l'occupation soviétique, et participe aujourd'hui activement à la lutte des révolutionnaires kurdes de Syrie qui, par-delà leur volonté d'échapper à l'oppression du régime de Damas, tentent d'établir chez eux un type de gouvernance et de démocratie encore jamais vu.

La découverte des Hommes, ensuite : il a vécu parmi les peuples indigènes des contrées les plus reculées, Pygmées du Congo, Indiens d'Amazonie ou Papous de Nouvelle-Guinée, et s'est imprégné des civilisations non occidentales, de l'Inde à la Chine, en les parcourant inlassablement.

L'exploration du monde également : en la matière, il a multiplié les expéditions terrestres, aériennes et maritimes dans les régions les moins connues de la planète. Comme aviateur, il a été le premier pilote à accomplir le tour du monde en ULM et, en tant que marin, il a été le capitaine du trois-mâts *La Boudeuse* qu'il a aventuré avec son équipage dans les recoins de la plupart des océans et sur les côtes des cinq continents.

L'action humanitaire, enfin : dans ce domaine, il a mené de très nombreuses missions dans les pays en guerre, de la Bosnie à la Somalie et de la Roumanie au Rwanda. Il a également été président de Solidarités International qu'il a contribué à fonder et développer.

En tant qu'écrivain, il a exprimé ces différentes expériences transformées en conscience dans une quarantaine de livres : nouvelles, romans, récits, essais et poésie. Il a reçu en 2015 le prix Goncourt de la nouvelle pour *Première personne du singulier*.

Ainsi, bien avant d'entrer dans la technicité de la philosophie politique et l'abstraction générale de la philosophie tout court, Patrice Franceschi a volontairement connu à vingt ans les routes de l'incertitude pour découvrir le monde tel qu'il est et les peuples qui y vivent, tels qu'ils sont. C'est par ce « savoir de la chair », doublé de travaux intellectuels, qu'il a essayé de répondre aux trois questions essentielles de l'esprit politique comme de l'esprit d'aventure : Le monde, comment ça marche ? Les autres, qui sont-ils ? La vie, qu'est-ce que c'est ?

Aujourd'hui, ses amis sont donc aussi bien des ministres de la République que des chefs indiens d'Amazonie, des dirigeants de grandes entreprises que des leaders révolutionnaires de pays en guerre. C'est cette somme d'expérience que l'on trouve ramassée dans le manifeste politique qui suit, véritable projet de société pour l'Europe et non simple programme politique, destiné à conjurer les défis de l'avenir en s'adressant à chacun d'entre nous. Un manifeste qui veut aussi interpeller les hommes et les femmes politiques sur la faille centrale de leurs discours : l'absence de but collectif proposé à leurs concitoyens sur le temps long. Loin d'être un livre de circonstance, ce manifeste est un livre du sursaut.

Une première version, fruit d'entretiens menés avec Adeline Baldacchino, magistrate à la Cour des comptes et écrivaine, a été publiée en 2017 à l'occasion des élections présidentielles françaises, sous le titre *Combattre !* et le sous-titre : *Comment les États-Unis d'Europe peuvent sauver la France*. La version qui suit a été largement revue, modifiée et augmentée, dans l'objectif de servir aux débats des élections européennes de 2024. Sa thèse centrale reste d'opposer à l'actuelle Union européenne jugée défaillante, car principalement bâtie sur l'économie, le projet fédéral des États-Unis d'Europe construit, lui, sur des fondements prioritairement politiques.

1

Ce que je crois

L'avenir de l'Europe est une affaire trop importante pour être laissée entre les mains des seuls professionnels de la politique. L'examen de leurs discours et de leurs actions, souvent contradictoires, amène à penser qu'on ne pourra guère compter sur eux pour mettre à l'ordre du jour un projet collectif à même de rassembler les peuples composant cette vieille Europe en leur proposant autre chose qu'une *Union européenne* de moins en moins capable de tracer ce destin commun. Elle est devenue le mime ridicule et sans élévation de ce qu'elle aurait dû être.

Une autre Europe est à bâtir de toute urgence afin de raviver le rêve jadis porté par Victor Hugo ou Stefan Zweig d'une vision civilisationnelle et culturelle de l'Europe, rêve abandonné depuis longtemps par nos politiciens sur les routes chaotiques de l'Histoire. Mais ce rêve existe toujours dans les tréfonds de notre inconscient collectif et dans la mémoire de nos deux mille ans d'histoire commune – telle une ultime sauvegarde à notre sabordage collectif si nous n'y prenons garde.

Au moment où toute une jeunesse est en quête de sens, il faut lui dire qu'il existe des projets collectifs assez grands pour valoir la peine de vivre pour eux, c'est-à-dire de tout risquer, même lorsque au départ les choses semblent incertaines, imprécises, inatteignables, voire nimbées d'impossibilité.

Le rêve concret d'une Europe avant tout politique, autrement dit d'une Europe comportant un projet de société précis – l'objet de ce manifeste –, est assez vaste pour redonner à chaque citoyen des raisons d'exister par-delà ce qu'il est lui-même.

Seuls les incrédules chroniques et les professionnels de la dérision considéreront ce projet comme une utopie. Les autres le prendront pour ce qu'il est : un « rêve réaliste » et, comme on le verra, profondément « charpenté » d'un point de vue pratique et technique afin d'avoir une chance d'aboutir un jour. Il vaut la peine d'être entendu puisqu'il propose une Europe suffisamment puissante pour résoudre l'ensemble des défis qui nous attendent et dont on voit mal comment ils pourraient être surmontés par chaque pays pris séparément.

Ce manifeste s'adresse davantage aux simples citoyens que nous sommes – encore capables d'écouter et de se mobiliser – qu'aux « élites » politiques revenues de tout sauf d'elles-mêmes. Ces élites, dont la faillite fait peu à peu consensus, rejetteront d'emblée ce projet tant il dérangera leurs certitudes et leur entre-soi, contredisant leur habitude de se laisser dicter leur politique par de supposés impératifs économiques.

Ce projet de société porte le nom oublié depuis trop longtemps, d'*États-Unis d'Europe*. Plus précisément encore : des États-Unis allant de « l'Atlantique à l'Oural », selon les mots du dernier homme d'État digne de ce nom qu'ait connu la France : Charles de Gaulle – quoi que l'on pense de lui.

Il ne faut pas s'effrayer par avance de ce nom d'Étatsuniens pour l'Europe. Il ne renvoie en rien à celui d'États-Unis pour l'Amérique, si ce n'est par la structure fédérale qu'il implique d'office. Il signifie surtout que nous pouvons faire chez nous mieux qu'ils n'ont su faire chez eux et que cela conduira à une reprise en main de notre avenir par nous-mêmes.

Ce rêve créateur ne semblera impossible qu'à ceux qui ont déjà baissé les bras devant la fatalité du destin. Ils ont à juste titre une vision pessimiste de notre état général et de la crise existentielle que nous traversons – car, en vérité, il s'agit bien de cela et nombre de nos problèmes en découlent –, mais ils ont renoncé au combat. Ils doivent cesser de reculer devant toute action optimiste et de grande ampleur qui pourrait les sauver. Il faut leur demander dès maintenant : Pourquoi êtes-vous si fatigués de vous-mêmes ? Pourquoi avez-vous perdu le souffle vital porté par vos pères au cours des vingt siècles écoulés, ces siècles qui ont fait ce que vous êtes ? Qu'est devenu l'élan de votre jeunesse ? Et votre énergie d'autrefois ? Où sont vos rêves ? Qu'avez-vous fait de votre talent ?

Le projet contenu dans ce manifeste d'un « idéalisme réaliste » – selon le concept que l'on peut se faire de toute entreprise humaine de combat – est parfaitement atteignable et réalisable si nous y croyons avec suffisamment de fermeté d'âme pour y mettre toutes nos forces, ici et maintenant, avec l'ardeur et les convictions nécessaires, le courage et le désintéressement qu'il mérite, la capacité au risque qu'il nécessite – des vertus qu'il nous faut réinventer et revivifier de toute urgence.

Commençons par reprendre « l'ascendant psychologique sur le destin » qui nous guette et n'ayons pas peur de tout remettre à plat pour mieux repartir en avant. C'est la dernière aventure qui nous reste.

Ce livre est l'esquisse de ce rêve volontariste. Il détaille rationnellement le long et ardu chemin à prendre pour qu'un jour lointain ces États-Unis d'Europe deviennent une réalité concrète. Il exprime les possibilités pratiques, les étapes techniques et les potentialités humaines dont nous disposons pour mettre en œuvre ce vaste chantier, le seul qui puisse faire face aux défis mondiaux que nous devons relever avant qu'il ne soit trop tard.

Rêve incertain et inaccessible ? prétendra-t-on encore. Rêve hors de portée de nos volontés affaiblies ? Il faut laisser les défaitistes de côté et se moquer des railleries de ceux qui ont déjà capitulé. Ils n'ont plus rien à proposer à notre jeunesse depuis que nous sommes devenus un peuple effrayé dirigé par des gens effrayés. C'est notre problème central à nous autres Français, mais aussi Espagnols, Polonais ou Suédois. Contre cela, contre la crainte de l'avenir, contre le manque d'audace et d'imagination, contre l'absence sérieuse de rénovation des idées, contre tout ce qui est grand, contre l'infortune et l'adversité qui menacent – ce que tout le monde pressent d'instinct –, il faut remettre dans le vent de l'Histoire un rêve à la mesure de ce que nous avons été, capable de nous sortir des ornières où nous sommes tombés et suffisamment fort pour exalter notre jeunesse. Elle ne demande que cela dans le vide spirituel où nos dirigeants l'ont conduite après un demi-siècle sans but véritable, labyrinthe de nos âmes devenues vides. La main de ces dirigeants tremble devant les grands choix transcendant le réel, alors que la fonction de l'Homme politique devrait être de ne jamais chanceler devant les défis. Hélas, les dirigeants dont nous disposons ne savent plus ce qu'ils veulent vraiment, ni quelle route prendre dans le dédale de l'univers à venir et des orages qui se rapprochent. Ils n'ont à proposer que des litanies de mesures techniques – toujours et uniquement économiques – pour combler les brèches immédiates du naufrage annoncé. Rien d'autre. Au mieux le retour au passé, au pire des utopies incertaines. Leur proposez-vous quelque chose de différent, d'audacieux ? Ils repoussent d'une main byzantine tout ce qui pourrait nous sauver sur le temps long, n'imaginant plus rien de neuf pour faire face à un monde de plus en plus incertain et dangereux. La rhétorique de l'impossible semble être leur horizon indépassable. Ils appellent cela le réalisme, quand ils ignorent tout du réel.

Il faut porter la plume dans l'essence même de nos difficultés actuelles et à venir puisqu'il demeure des choses qui valent la peine qu'on se batte pour elles sans esprit de recul. *Faire de grandes choses ensemble* est encore possible, de ces choses jamais vues pour lesquelles on est prêts à un certain nombre de sacrifices, prêts à risquer sa vie. C'est ainsi que l'on faisait de la politique autrefois quand sonnait le tocsin de l'Histoire et que la survie du pays était en jeu.

Souvenons-nous que rien de grand n'a été accompli sans paraître chimérique au départ et susciter la dérision.

L'heure est suffisamment grave pour justifier notre volonté de « renverser la table » pour de bon, pour ne plus se contenter de demi-mesures et porter vers l'avenir un vaste projet. L'adhésion à un but collectif est ce qui peut redonner sens à nos vies individuelles. Le reste n'est que détail.

Qu'avons-nous à craindre ? Rien. Qu'avons-nous à perdre ? Tout.

Ce manifeste est né d'un constat : les *programmes politiques* ne manquent pas, mais il n'en émerge aucun *projet de société* véritable. La confusion est grande en la matière. Les programmes politiques ne se confondent pas avec les projets de sociétés. La fonction des premiers est de mettre en pratique les seconds. Les programmes politiques sont en quelque sorte les modes d'emploi des projets de société et découlent d'eux, pour ainsi dire mécaniquement. Ils organisent, structurent, articulent les réponses précises, nécessaires et ponctuelles aux grandes questions classiques du gouvernement – la gestion des affaires intérieures, extérieures, économiques et sociales – mais raccordés intimement à la vision des projets de société dont ils sont issus.

En politique, seuls comptent ces projets de société. Ils répondent à trois questions fondamentales : quel est le *type* de société dans lequel on veut vivre, quels sont les *buts* précis de cette société, quel est son *esprit*. Les réponses à ces questions forment l'*essence* de ce projet. Son idée, son corps et son âme. En la matière, il faut assumer une forme d'essentialisation de la politique.

Quand le terme de projet de société apparaît dans la bouche d'un homme ou d'une femme politique et que l'on décortique ce qui se trouve derrière, on retombe chaque fois sur un simple programme politique constitué d'une multitude de micro-mesures programmatiques, éventuellement enrobées de « valeurs », mais jamais rattachées à une grande vision d'ensemble et à une route précise à prendre pour un avenir déterminé et choisi par avance.

Un projet de société est le conducteur d'un train qui s'appelle programme politique. On ne nous propose que des trains sans chauffeurs. Ceux qui prétendent nous diriger demain et appellent à nos suffrages mettent une fois de plus la charrue avant les bœufs.

Pour remettre un chauffeur au volant, il est impératif que le *type* de société porté par un projet comme les États-Unis d'Europe se trouve hors du champ lexical droite/gauche. Il le surplombe, embrassant le spectre démocratique dans son ensemble. On dira de ce projet : idées de gauche, tempérament de droite – ou l'inverse, peu importe. Son principal objectif est de *redonner toute sa force au primat du politique sur l'économique*. Vertus politique contre vices économiques. Affirmation centrale qui trace déjà la route à suivre : ce sont les idées politiques, décidées collectivement dans une vaste démocratie, qui doivent à nouveau guider notre destin, et non l'économie voulue par quelques-uns qui doit dicter notre avenir. Faute de projet de société, nous avons laissé depuis trop longtemps l'économie et la finance dominer nos existences, corrompre la politique, ruiner la culture, s'insinuer dans nos vies privées. Les États-Unis d'Europe (EUE) sont une idée politique, quand l'Union européenne est une idée économique.

Seul le niveau supranational de l'entité fédérale, constitué par ces EUE, peut permettre d'atteindre le *seuil critique de puissance* permettant de surmonter réellement, et sur le temps long, les défis colossaux qui nous attendent pour le siècle à venir. Par *puissance*, il faut entendre ici tout ce qui constitue la charpente d'une civilisation et non la simple force militaire, cela va de soi. Tout individu, tout groupe humain, toute société existe à l'exacte mesure de sa puissance. Si le désir de cette dernière est dangereux lorsqu'il voit le jour dans des États non démocratiques, il ne l'est jamais en démocratie – il est même sa sauvegarde. Sans un niveau de puissance suffisant, aucun des défis à venir n'est relevable. La vassalisation, pour le moins, nous attend. Les États-Unis d'Europe veulent éviter ce funeste destin.

Cette nouvelle entité européenne sera ou ne sera pas, mais elle est la seule capable de préserver d'abord, puis de maintenir pour longtemps, les trois *buts* qu'elle propose. Soit, dans l'ordre : la liberté, la paix, la prospérité. Le reste est secondaire. Cet ordre de priorité répond aux questions fondamentales constituant *l'essence* des États-Unis d'Europe et dicte le choix de son programme politique. Sans liberté, vaut-il de vivre dans une paix, aussi prospère soit-elle ? Sans la paix, la liberté peut-elle s'exercer véritablement ? Sans paix et liberté, que vaut la prospérité ?

Pour sauver ces trois buts de société qui forment un ensemble indissociable, pour ne pas avoir à choisir demain entre les trois, il nous faut retrouver une puissance perdue. Ce pourquoi le projet porté par ce manifeste ouvrira des pistes restées largement inexplorées et susciter du *désir* – car sans lui, rien n'est possible politiquement et humainement – tout en démontrant qu'il est une *nécessité*. En fait, nous n'avons plus d'alternative si nous aspirons à rester nous-mêmes.

L'*esprit* de cette construction des États-Unis d'Europe doit être issu de ce que nous avons inventé de mieux au cours de notre histoire : l'humanisme porté par le siècle des Lumières et leur universalisme – c'est-à-dire ce qui vaut en tout temps et tout lieu pour tout être humain et toute société –, mais un humanisme débarrassé des mièvreries dans lesquelles on n'a cessé de le ligoter. Oubliant ce que nous sommes, nous avons relégué les idées de cet humanisme confiant en lui-même et tranquille dans sa force au rang de vieilleries archéologiques pour étudiants en littérature et philosophie. Comme but de l'existence, nous avons préféré l'idolâtrie de l'économie, l'idéologie de la finance mondialisée, le profit et le consumérisme qu'il permet, et nous avons adopté la religion du changement pour le changement dont les effets délétères et déstabilisants ne cessent de nous miner. Dans la vie des sociétés il en va comme dans la vie humaine : il est des choses qui doivent impérativement changer, d'autres qui doivent absolument perdurer. En la matière, c'est la proportion qui compte et non les considérations globalisantes concernant le conservatisme ou le progressisme. Entre ce qui vaut intemporellement et ce qui ne vaut que momentanément, nos dirigeants nous ont généralement conduits à faire les mauvais choix, confondant héritage et tradition, progrès humain et progrès technologique, modernité et progressisme. Pire, ils ont ignoré tout choix décisifs.

L'heure est donc à *l'humanisme combattant*. Concept nouveau pour temps nouveaux.

C'est pourquoi ce manifeste est un livre du sursaut. Il est sans illusion mais sans renoncement. Il veut ressusciter une vision épique et éthique de l'idéal européen, dégagée de sa gangue technocratique et engagée dans le monde, déclarant une fois pour toutes qu'*il n'y a pas d'existence sans puissance* et pas de France durable sans Europe réelle.

Pour justifier tout ce qui va suivre, je revendique la croisée des chemins que j'ai effectuée quarante-cinq ans durant, entre ce que j'appelle la politique de l'humanisme combattant, l'esprit d'aventure et la philosophie de l'action. J'assume cette hybridation féconde à mes yeux car un projet politique n'est pas une liste de recettes techniques, aussi pratiques et judicieuses soient-elles. Il est avant tout une volonté créatrice. Au regard de tout ce qui s'est fait dans notre histoire, nos professionnels de la politique devraient en considérer l'évidence et ne pas détourner les yeux en haussant les épaules. Les hommes et les femmes ordinaires qui les écoutent attendent autre chose d'eux, pour les sortir des ornières où nous sommes tombés, que la poursuite cahin-caha des chemins ordinaires.

Le vaste projet des États-Unis d'Europe implique de faire table rase de l'édifice institutionnel et monétaire de l'actuelle Union européenne pour tout rebâtir sur de nouvelles fondations – culturelles et non économiques, politiques et non financières. Pour réussir, il ne peut concerner au départ qu'un tout petit nombre de pays déterminés, menés par l'un d'entre eux, avant de s'étendre à tous les autres en cercles concentriques.

Vaste révolution…

Il lui faut donc une temporalité.

On peut proposer que celle-ci débutera le jour où un Homme d'État s'emparera de ce projet des États-Unis d'Europe et ne devra pas dépasser le temps d'une vie humaine.

2

Préalables à toutes considérations sur les États-Unis d'Europe

Avant de jeter les fondations de tout projet de société ambitieux, à la fois cohérent et de très longue haleine, il faut poser un certain nombre de préalables destinés à former la matière première de ces fondations.

Nous commencerons donc par l'examen de ces préalables avant de poursuivre par une analyse sans complaisance de l'« état des lieux » de notre société – nous ne pouvons y échapper – et de cheminer ensuite méthodiquement vers la dernière partie de ce manifeste, plus technique, concernant les conditions de possibilité des États-Unis d'Europe.

Premier préalable : à quoi sommes-nous prêts à consacrer notre vie ?

Cette question incisive n'est évidemment pas une question politique. C'est une question de philosophie politique – ce qui est tout autre chose. Elle est d'autant plus nécessaire que les soubassements du projet des EUE sont ceux du désir et plus encore de la volonté sur le long terme. À quoi peut-on être prêts à consacrer sa vie est ainsi la bonne question pour ce qui nous occupe. Relevant au départ de l'individuel, elle mène sans trop de peine au collectif. Cependant, la question n'est pas évidente à poser dans une société consumériste, hédoniste et atomisée, où le narcissisme a été érigé en stade suprême de l'individualisme et où la volonté de vivre libre s'est beaucoup érodée. Société où l'on a largement renoncé par lassitude et fatigue de soi à tout effort commun, à toute abnégation, à tout courage.

Toutefois, cette question n'apparaît difficile qu'en apparence. Prise sous un angle différent, dans une autre perspective, elle se transforme en élan de vie. Car se demander ce à quoi on pourrait bien consacrer sa vie, c'est en réalité s'interroger sur ce qui vaut la peine d'être vécu. Chacun d'entre nous, aussi tôt que possible dans sa jeunesse, devrait tenter de répondre à cette interrogation – et aller plus loin encore en examinant de près ce pour quoi il serait prêt à risquer sa vie et à éventuellement mourir. Sans quoi, pas de guide sérieux sur le chemin de l'existence, pas de choix déterminant, pas de fougue créatrice, pas de principe d'action, pas même la possibilité de construire une éthique ou une œuvre personnelle dans quelque domaine que ce soit.

Nous devons ainsi commencer par une analyse attentive de ce qui vaut et ne vaut pas la peine de vivre en déterminant de manière claire et étendue, sans parler encore d'idées ou de valeurs, ni de positionnement politique à droite ou à gauche : où commence et où s'arrête la communauté humaine qui mérite notre attention, notre engagement, notre vie même s'il le faut ?

« Il vivra mal celui qui ne saura pas mourir », écrivait Sénèque dans *De la tranquillité de l'âme*. Homme d'État et grand philosophe stoïcien, il savait ce qui comptait dans l'existence et ne parlait pas pour ne rien dire. Comme le grand Caton d'Utique, dont on prétendait qu'il ne se reposait jamais tant il avait à faire et qui, avec superbe, mit fin à ses jours après la défaite de Pompée contre César, jugeant qu'il ne valait plus la peine de vivre dans une république disparue.

Comme eux, il ne faut pas craindre d'affirmer que l'on vit mieux et plus librement – plus solidairement aussi et plus intensément encore – si l'on détermine très tôt dans sa vie les deux ou trois choses pour lesquelles on est prêts à risquer sa vie. Dans l'hypothèse où l'on répond : ma famille, mes amis, ma patrie, la liberté, la démocratie, une œuvre créatrice, cela suffit à conduire une existence sans être nuisible à quiconque, chez soi comme ailleurs dans le monde. Cela pose d'emblée, en un ensemble cohérent, à la fois la volonté de paix et la clarté des choses qui valent d'être défendues. Le reste devient de moindre importance, la liberté intérieure commence, les besoins inutiles disparaissent, la possibilité d'engagement dans de vastes projets collectifs devient possible.

Ce sont des hommes, parfois des femmes, qui m'ont appris cela, dans bien des guerres et des révolutions, dans bien des infortunes et dans l'adversité souvent. Les derniers qui me le prouvent, à l'heure où j'écris ces lignes, sont les combattants kurdes de Syrie et leurs alliés chrétiens, arabes, arméniens, en lutte contre l'islamisme et les États non démocratiques qui les entourent, Turquie en tête. Des garçons et des filles de vingt ans, qui souffrent et meurent en grand nombre pour ne plus subir l'oppression et faire naître une nouvelle société dans leur pays. Ces gens remarquables vivent et meurent portés par un rêve qui, au-delà de la liberté reconquise et de la patrie libérée, repose sur les quatre grandes valeurs formant les piliers de la croyance qui les pousse en avant : démocratie nouvelle et révolutionnaire, stricte laïcité, complète égalité des hommes et des femmes, constant respect des minorités. Ces gens-là savent pourquoi ils se battent et, par là même, se disent heureux malgré la guerre terrible qu'ils doivent mener pour ne pas disparaître à jamais. Symboliquement, je dirais que ce qu'ils tentent de bâtir dans le sang et les larmes, ce sont leurs États-Unis d'Europe à eux.

Il est ainsi certaines idées, certains projets, certaines œuvres – peu nombreux au demeurant – qui valent qu'on les tienne pour plus grands que soi, au point de tout risquer pour eux. Les États-Unis d'Europe sont à la fois une idée, un projet et une œuvre qui ont cette valeur.

Les penseurs stoïciens de l'Antiquité qui s'adressaient à tout le monde, au point de compter parmi eux un esclave de renom et un empereur fameux, affirmaient que ce n'était pas de la mort dont il fallait avoir peur puisque nous naissons tous pour mourir. Ce qu'il fallait craindre au plus haut point, c'était de ne rien faire du peu de temps que la vie nous concède sur Terre. Là, était la faute suprême. « On ne tombera qu'après avoir fait de grandes choses », écrivait Sénèque dans l'un de ses traités célèbres. Voilà des paroles pour notre jeunesse. Elles valent mieux que de les inquiéter sur l'âge de leur retraite. Ces penseurs ont imprégné de leur marque toute notre civilisation et nous ont légué le devoir de poursuivre leur œuvre tout en l'améliorant et la modernisant. Aujourd'hui, nous avons oublié la sagesse de leurs voix. S'engager collectivement sur le chemin de la construction des États-Unis d'Europe, de ses buts et de son esprit, c'est réentendre leur message, c'est ne plus avoir peur d'être inutiles sur Terre et ne plus être seuls au monde.

C'est aussi cheminer aux côtés de Socrate et d'Aristote, c'est accompagner Montaigne et Érasme, c'est se battre pour l'Europe de Victor Hugo, de Stefan Zweig, et de tant d'autres qui nous ont faits tels que nous sommes.

Pour voir naître cette Europe de l'esprit et de la culture, pour qu'existe un jour cette Europe des Lumières, il faut être prêts à tout jeter dans la balance, sans esprit de défaite ni d'abandon. Prêts à mourir, en quelque sorte… Démunis de cette volonté nette et claire, pas de victoire possible, pas de montagnes qui pourront être soulevées.

Il s'ensuit nécessairement une question supplémentaire, tout aussi centrale : celle du « sacré ». Il ne sert à rien de l'évacuer ou de s'en moquer comme aime le faire l'air du temps. Il faut répondre sans crainte : oui, il est des choses sacrées. Celles justement pour lesquelles on est prêts à mourir. Cohérence du raisonnement et des convictions.

Cela résume l'un des points essentiels du concept d'« idéalisme réaliste » qui sous-tend ce vaste dessein des États-Unis d'Europe : il n'est de possibilité de redonner sens et profondeur à la vie individuelle de chacun d'entre nous, d'en combler le vide spirituel actuel, qu'à travers un projet quasi « sacralisé » – dans un sens non religieux, cela va de soi, donc à refonder – capable de nous emporter tous ensemble dans la même direction. À la façon des Kurdes de Syrie. Travailler à la construction d'un projet collectif, unis par le même enthousiasme, redonne sens et valeur à tout ce que l'on fait pour soi-même.

Deuxième préalable : cartographier les sables mouvants de l'avenir

Ce préalable nous demande de comprendre pourquoi nous craignons tant l'avenir et, par là même, manquons de croyance pour les grands projets créateurs.

Il est manifeste qu'une large part de notre appréhension concernant l'avenir provient de ce que nous constatons chaque jour autour de nous : services publics peu à peu démantelés, campagnes désertées, industrie atone, agriculture délaissée, commerce de proximité étouffé. Mais notre crainte surgit aussi, plus profondément peut-être, des *ruptures de paradigme* que connaissent nos sociétés. Le monde à l'intérieur duquel nous vivons désormais donne le sentiment que nous ne pouvons plus rien maîtriser de nos seules mains, par notre seule volonté, parce que ce monde nouveau ne peut plus se définir comme autrefois par de simples changements ou des mutations compréhensibles. Il en était allé ainsi lors des révolutions précédentes, qu'elles soient techniques, sociales ou scientifiques – et elles ont été nombreuses, de l'invention de l'imprimerie à l'industrialisation de l'Europe, sans parler du choc intellectuel et religieux provoqué, bien avant cela, par l'obligation d'abandonner le géocentrisme issu de l'Antiquité. Mais ce qui se passe maintenant est inédit. Nous ne sommes même pas entrés dans un monde caractérisé par une « accélération accélérante », comme le prétendent certains. Nous avons pénétré, en réalité, dans un univers inconnu, radical, où chacun voit bien que tous les repères qui jalonnaient nos certitudes sont balayés les uns après les autres : un monde absolument nouveau et incertain dont nous ne savons rien de ce qu'il produira. Un monde sans promesse, provoquant un vertige existentiel collectif encore jamais vu.

Ce que nous appelons parfois « crise » masque, sous les apparences de bouleversements immédiats et visibles – chômage, inégalités, guerres ou terrorisme –, ce basculement quasi invisible mais définitif vers un ailleurs qui est une véritable *terra incognita*. Sans porter encore aucun jugement de valeur, il faut admettre que ce monde nouveau ébranle les anciens modèles, bouscule les vieilles références, anéantit les antiques croyances. Que ces dernières aient été vraies ou fausses importe peu ici. Ce monde d'avant donnait au moins à voir l'avenir et pouvait inspirer confiance. Tout cela est fini. Ce qui s'ouvre devant nous est aveugle et sans horizon, bousculant tout ce qui semblait stable et définitivement acquis, tout ce qui, en somme, était rassurant. Les certitudes et les repères dans lesquels nous avons pu être élevés s'effacent les uns après les autres devant une succession de petites révolutions qui ne cessent de s'additionner tout en se connectant entre elles dans d'infinies ramifications : révolutions numériques, technologiques, biologiques, éthiques. Tout est remis en cause massivement, implacablement, inéluctablement. Sans que personne l'ait décidé quelque part en se demandant où cela nous mènerait.

Ces changements successifs de paradigmes lézardent les vieilles convictions, abolissent les distances, rétractent le temps – même au niveau militaire où la dimension temporelle sur le champ de bataille compte aujourd'hui davantage que la dimension spatiale, comme c'était le cas jadis. Nos référents changent sans cesse, de tous côtés, sous toutes sortes de poussées. Nous sommes véritablement entrés dans l'ère des métamorphoses perpétuelles, jusqu'à en avoir le tournis. À peine un

« repère » nouveau est-il installé qu'il devient obsolète et qu'un autre le remplace avant de disparaître à son tour aussi vite, au profit d'encore autre chose, impensable le jour d'avant... Plus personne ne maîtrise cet emballement et l'on peut être pris de saisissement devant ce monde se dérobant sans cesse. D'un point de vue individuel, le sentiment s'installe qu'aucune des routes que nous pouvons prendre dans notre vie pour atteindre un but n'aura de fin. Nous ne pouvons plus arriver nulle part. Quand nous croyons toucher au but, il s'évanouit dans une « nouvelle nouveauté », technique, intellectuelle, ou de simple mode du jour, qui nous enjoint de changer, c'est-à-dire, en fin de compte, de ne plus nous arrêter d'avancer pour aller nulle part. En ce sens, un certain type d'Homme ancien est mort. Le moule est cassé. Pour cet Homme-là, le changement avait pour fonction de modeler un monde meilleur. En devenant son propre but à lui-même suffisant, le changement s'est transformé en facteur de récession existentiel.

En outre, ce que l'on peut appeler « l'instinct de la norme » s'est emparé de l'ensemble des sociétés, industrielles ou non – et c'est nouveau, là aussi. Toutes les structures administratives bâties par les êtres humains produisent désormais de la norme à jets continus pour encadrer notre vie dans ses moindres détails, s'immisçant jusque dans notre intimité et nos chambres à coucher. Qu'est-ce qui ne sera pas bientôt réglementé ou interdit ? Rien. Chacun d'entre nous peut en faire l'expérience dans son existence quotidienne et se sentir étouffer. Ces structures, administratives ou commerciales, devenues des mastodontes, produisent leurs normes et règlements de manière exponentielle et aussi par nécessité de survie organique – pour s'autoreproduire en quelque sorte, et c'est le plus impressionnant. Dans tous les cas, le sentiment s'installe que nous avons affaire à des sortes de machines-Léviathan hors de tout contrôle, que plus rien ne peut arrêter, pas même ceux qui les ont créées.

Pour l'observateur attentif de ces phénomènes, « l'instinct de la norme » paraît si puissant désormais, si enivrant d'une certaine manière que, même chez les individus qu'il contraint au quotidien, il parvient à se faire aimer et à susciter en eux un besoin normatif sans limites – et cela devient presque un amour de la norme pour la norme, comme il existe un amour mortifère du nouveau pour le nouveau et non pour ce qu'il peut apporter. C'est un instinct de vie doublé d'un instinct de mort, tel un Janus moderne. Une sorte de syndrome de Stockholm.

Du strict point de vue des libertés individuelles – c'est-à-dire de la possibilité pour les Hommes de conduire leurs vies selon leurs propres choix à l'intérieur d'un ensemble de valeurs, de règles et de lois partagées collectivement –, tout ce qui se passe, à commencer par l'installation de cet instinct de la norme, est un défi éminemment politique par-delà tous les problèmes économiques ou géopolitiques existants. Un défi dont nos dirigeants refusent de comprendre l'importance et son impact sur l'ensemble de nos autres problèmes. Ce défi devrait être central dans leurs programmes politiques – à défaut de leurs projets de sociétés inexistants.

Hélas, nos politiciens ont depuis longtemps perdu la main dans le combat qui permettrait de décider précisément de la société dans laquelle nous souhaitons vivre demain. Si nous ne les bousculons pas, cette société de l'avenir se fera sans notre consentement collectif et il sera un jour trop tard pour revenir en arrière et choisir par nous-mêmes.

Il nous faut reprendre l'initiative. La mise en œuvre du projet porté par ce manifeste en est la meilleure occasion. La puissance politique qu'il propose de retrouver nous permettra de continuer à vivre libres selon la définition qui vient d'être exprimée, c'est-à-dire en êtres humains pensant et agissant par eux-mêmes. Sans quoi, il faut le répéter, nous ploierons de plus en plus sous le joug et le fardeau d'un nombre invraisemblable de lois, de normes et de règles venus des impératifs économiques ou religieux, où tout sera fait non pour nous contraindre par la violence comme autrefois, mais pour nous empêcher paisiblement d'être nous-mêmes – et cela en vue de notre bien, cela va sans dire. Jusqu'à nous immobiliser, jusqu'à nous enchaîner dans un formatage absolu – forme nouvelle de la servitude volontaire. Plus personne ne pourra lutter contre cela.

Ce pourquoi les États-Unis d'Europe auront pour principe général d'agir à l'inverse de ce que font les États européens actuels : moins se mêler de diriger nos vies individuelles – là où il est facile d'obliger – et se préoccuper davantage de contraindre les puissances économiques – là où il est difficile d'imposer.

En attendant, la vieille crainte de la domination des humains par les machines censées les libérer est à prendre plus que jamais au sérieux. Ce que nous avons sous les yeux, c'est l'installation progressive de la plus vaste société de surveillance jamais vue, société qui risque d'être un jour essentiellement constituée d'individus rendus obsolètes par ces machines. Nous y reviendrons au moment de l'analyse des huit défis mondiaux qui nous attendent car il est de ceux dont nous avons le plus à craindre.

Pour l'heure, ces questions que nos professionnels de la politique considèrent rarement de leur ressort, laissant ces problèmes entre les mains des sociologues ou des philosophes, relèvent plus que tout du « politique » et doivent être une préoccupation centrale de la vision de l'avenir.

George Orwell ou Aldous Huxley, que nous pensions pouvoir oublier avec soulagement, sont redevenus d'une brûlante actualité.

Troisième préalable : l'action commune, réservoir de bonheur individuel

Ce préalable est essentiel à la clairvoyance du chemin qui doit être pris pour la construction des États-Unis d'Europe. Il est en rapport étroit avec la compréhension de la nature humaine dont nous devons faire preuve si nous voulons atteindre notre but. Cette compréhension, de nature anthropologique, nous dit que la quête centrale de l'Homme depuis son apparition sur Terre a toujours été, et restera, le bonheur – qui prend moins de formes différentes qu'il n'y paraît.

Étrange propos encore, dira-t-on, totalement déconnecté d'un manifeste politique ? C'est l'inverse : aucun projet politique crédible ne peut faire abstraction de cette interrogation qui voit se déployer toute la mécanique humaine sous-tendant la vie de chacun d'entre nous vers ce que les philosophes appellent la vie bonne. L'ignorer ou imposer une artificielle « neutralité axiologique », comme se plaisent aussi à dire ces philosophes, reviendrait à construire un projet politique sans soubassements, comme un énième château de cartes théorique qui, aussi beau soit-il extérieurement par son architecture intellectuelle, et intérieurement par l'enchaînement de ses raisonnements, mènerait à l'échec, voire à la ruine.

Pour commencer, donc, qu'est-ce qui mène les Hommes ? L'intérêt et les passions. Que recherchent-ils tous, qu'ils vivent dans des jungles, des montagnes, des déserts ou dans de grandes villes industrialisées ? La sécurité et, au final, le bonheur. Ces formules ramassent en quelques mots toute notre condition humaine. Et ceci encore : l'on ne sait rien si l'on ne sait pas que la vie est tragique et que nous vivons dans le mensonge. Avoir perdu le sens du tragique et le goût de la vérité sont les deux chaînes liées à nos pieds pour nous empêcher d'avancer politiquement et individuellement.

À mes yeux, l'essentiel est dit d'un point de vue « anthropologique », cette nécessité première pour jeter les bases d'un projet politique qui tient compte avant tout de la réalité de la nature humaine, de ses possibilités comme de ses impossibilités. Agissant ainsi, nous ne nous sommes pas éloignés de ce qu'il est convenu d'appeler la politique. Nous nous en sommes au contraire rapprochés en n'ignorant pas le réel. Si un projet politique ne propose pas clairement, par sa structure même et l'esprit qui l'habite, de maîtriser les passions, de guider les intérêts, d'assurer la sécurité, et de viser le bonheur de chacun, il n'est qu'un livre de recettes de cuisine.

Mais comment cerner cette notion de bonheur, si fugace et volatile, si incertaine, si différente en fonction des visions que nous avons chacun de la vie ? Pour saisir ce vaste sujet, plaçons-nous à la confluence de ce qui nous intéresse ici : la connexion entre l'individuel et le collectif.

J'ai passé l'essentiel de ma vie dans des sociétés autres que la mienne et dans bien des soubresauts de l'Histoire qui ont forgé mes convictions. Elles m'ont conduit à considérer que le secret du vrai bonheur ne tient pas dans les possessions matérielles auxquelles on nous exhorte, possessions toujours fuyantes et incertaines – quand nous ne les possédons pas, nous sommes malheureux, si nous parvenons à les atteindre, nous craignons aussitôt de les perdre –, mais dans une adéquation intérieure à notre esprit, aussi simple que fondamentale : l'harmonie permanente entre ce que nous pensons et ce que nous faisons. Agir et penser en chassant toute contradiction entre ces deux termes est l'essence même du bonheur. Elle est accessible à tous. C'est la plus démocratique qui soit : il suffit de décider. Alors, la définition de l'Homme libre donnée par Aristote dans le livre « Alpha » de sa *Métaphysique* prend un sens nouveau : « Nous appelons homme libre celui qui est à lui-même sa propre fin et n'est pas la fin d'autrui. »

Une telle équation entre bonheur et liberté permet d'entreprendre de grands projets collectifs à première vue impossibles. La vraie politique se nourrit de l'accord intime entre soi-même et de tels projets. Elle n'est sinon que vanité, lutte de pouvoir et choc d'ego : le triste spectacle que nous constatons autour de nous.

À l'heure de la mode du « développement personnel » – mime ridicule de l'égoïsme le plus assumé –, il est nécessaire d'affirmer également que c'est par l'intérêt porté aux autres, à l'ensemble de sa société comme à celle des autres sociétés, que l'on peut le mieux trouver un sens et une valeur à sa vie personnelle. De toute façon, seule cette conception éthico-politique de l'action – association de termes obscènes pour les tenants de la *realpolitik* – peut permettre de s'engager dans un projet commun sur le temps long, comme celui porté par ce livre-manifeste. Sans ce credo, rien n'est jouable, tout ne reste rapporté qu'à soi : impossible de résister aux ricanements des persifleurs professionnels, des mécontents chroniques, des utilitaristes de tout poil. Ceux-là n'ont rien à proposer à notre pays, et les politiciens qui leur ressemblent n'offrent que des solutions dispersées, fragmentaires, imaginées au jour le jour et dans l'urgence pour résoudre des problèmes dont ils ne semblent pas saisir les interconnections et dont ils ne se soucient pas de tarir les sources, faute de les discerner. Nulle part ils ne demandent l'essentiel : quel *type* de société voulez-vous de manière précise, dans quel *esprit* et en vue de quels *buts* exactement ? Ces questions centrales, ils ne les posent jamais – ou lorsqu'ils le font, ils ne fournissent aucune réponse réellement satisfaisante. Les « éléments de langage » de leurs communicants leur suffisent. Ignorent-ils que la jeunesse est en quête de sens comme espoir pour l'avenir et non comme désillusion pour le présent ? Quel rêve lui proposent-ils ?

L'absence d'un véritable projet de société pour la France est notre problème central, les succédanés proposés nos véritables obstacles.

Impossibles, les États-Unis d'Europe, prétendront beaucoup ? Qu'en savent-ils, puisqu'ils n'ont jamais rien tenté de semblable ? Tout ce qui s'est fait de grand dans l'Histoire l'a été en contredisant les partisans du mortifère *impossible*. De Gaulle serait-il parti à Londres, s'il avait attendu que l'on croie dans la libération de la France ? Mes amis kurdes de Syrie vivraient-ils libres aujourd'hui, s'ils avaient quêté comme des mendiants l'assentiment de la communauté internationale pour affronter les innombrables périls qui les attendaient ? Écartons la crainte des grands défis qui assument leur part d'exaltation, d'enthousiasme – quelque chose de l'ordre de l'élan vital. Une révolution, alors, les États-Unis d'Europe ? À l'évidence, mais de celles qui ne coupent pas les têtes, bouleversant simplement les vies en leur redonnant du sens.

Afin de convaincre les utilitaristes qui considèrent qu'une société se dirige par le calcul, les algorithmes, les statistiques, les chiffres, et que les individus qui la composent sont interchangeables et anonymes, nous pouvons au moins leur certifier que les États-Unis d'Europe sont le seul moyen pour eux d'être un jour les citoyens de la première puissance démocratique mondiale dans tous les domaines. Que cette assurance les engage à partager le dessein de ce livre. Sinon, ils seront demain les citoyens – les consommateurs, plutôt – de la huitième puissance de la planète, puis de la vingtième, puis de la cinquantième, et ainsi de suite, selon la pente inéluctable de notre chute programmée si nous restons seulement français. Cette Europe-là est notre seule chance de préserver la liberté, la paix et la prospérité. Cicéron disait : « Celui qui ne fait rien n'existe absolument pas. »

Il est temps d'exister vraiment.

Quatrième préalable :
si nous tombons, combattons à genoux

Ce préalable est la suite logique de ce qui vient d'être signifié sur la relation existant entre agir et exister – et ce qui doit en découler : la conviction profonde qu'il n'y a de dignité que dans le combat. Sinon, le découragement guette sur les routes escarpées menant aux grands projets. Cette dignité du combat signifie aussi : accepter de ne pas forcément voir de son vivant l'aboutissement d'un projet que l'on a porté sur les fonts baptismaux. Abnégation, donc. La jeunesse de notre pays, si souvent brocardée mais laissée à elle-même par ceux qui ont une mission dans la formation des consciences, ne s'y refuserait pas. Elle ne demande souvent qu'une chose avec l'ardeur qui a toujours été la sienne : qu'on lui redonne un rêve fondateur, héroïque, exaltant, capable de fournir sens et valeur à ce qu'elle entreprend. Le rêve fondateur des États-Unis d'Europe peut occuper la vie de cette jeunesse. Il faut le lui proposer.

De même, si l'on pose ici comme principe de société que le citoyen est avant tout un individu libre et non un simple consommateur, seul ce projet peut contrecarrer – par son « seuil suffisant de puissance » – les vecteurs socioéconomiques du consumérisme et du narcissisme exacerbé de notre époque ; lui seul est à même d'endiguer la montée de l'insignifiance qui s'empare de nos sociétés ; lui seul peut empêcher le retour de l'irrationnel qui est tout aussi dangereux, tant il donne le primat à l'émotion sur la raison pour juger de tout. Cette société de la « distraction généralisée », au sens propre du terme – se distraire de l'essentiel –, est la source de notre malaise existentiel, lui-même cause de l'ensemble de nos problèmes, il faut s'en convaincre. C'est dans ce vide abyssal que s'installent les idoles de la modernité et de la consommation, que s'inscrivent les faux-monnayeurs de la politique et les recruteurs du terrorisme islamique, que se faufilent les extrémismes en tout genre et les imposteurs de toute espèce. Ce qui manque à notre temps, c'est l'injonction de l'idéalisme réaliste : *Faire de grandes choses ensemble*. Voilà bien une injonction pour la jeunesse. Que cette dernière soit en quête de projets collectifs, je le constate tous les jours dans mes engagements de terrain.

Un exemple ? Il se trouve que j'ai été, il y a quelques années de cela, le parrain de l'une des promotions de l'école des mousses de la Marine nationale : deux cents garçons et filles de seize à dix-huit ans, pour la plupart issus de milieux défavorisés – comme on dit – ou catégorisés comme cas sociaux – ainsi qu'on les appelle parfois. L'échec était leur seul horizon. Un cadre de vie habité par un projet collectif leur a été proposé pour sortir des fondrières où ils se trouvaient et découvrir qu'il était possible d'inscrire leur existence dans le service de quelque chose de plus grand qu'eux : leur pays, c'est-à-dire les autres. Ces garçons et ces filles étaient à l'image d'une grande partie de notre jeunesse en quête de modèles que la société n'offre plus, que la famille ne sait plus défendre, que l'école a renoncé à transmettre. Dans la famille, l'école, la société, ces trois strates de construction d'une individualité naissante, ils n'avaient rien trouvé qui puisse leur servir d'exemple. Chacun sait qu'on n'y propose plus des figures d'hommes et de femmes venus de notre héritage dont un jeune pourrait s'inspirer – avant de s'en affranchir à l'âge adulte pour faire sa propre voie en connaissance de cause. Quand je constatais au même moment quels « modèles » étaient proposés à mes enfants par l'Éducation nationale – des footballeurs plutôt que Marie Curie, des animateurs de télévision plutôt que Jean Moulin, des *people* plutôt que le brave Ulysse –, je mesurais l'étendue du fossé dans lequel nous basculions peu à peu, mais me disais que rien n'était perdu, puisque j'avais sous les yeux ces mousses qui se transformaient de mois en mois jusqu'à comprendre le sens profond de cette phrase de Cicéron dans son *Traité des devoirs* : « On doit avoir en tout un seul but : identifier son intérêt particulier à l'intérêt général », ou celle de Marc Aurèle dans ses *Pensées pour moi-même* : « Ce qui n'est pas utile à l'essaim n'est pas non plus utile à l'abeille. » Que vaut la grandeur sans la capacité de servir ?

Après s'être réapproprié la fierté d'eux-mêmes, ces filles et ces garçons retrouvaient l'envie d'accomplir des choses ensemble, à leur échelle. Ils se montraient alors prêts à donner beaucoup d'eux-mêmes pour ce « faire ensemble » qui vaut mieux que le simple « vivre ensemble » . Ils disposaient enfin d'une direction vers laquelle tendre et orienter leur énergie ; c'est par là qu'ils retrouvaient de la ferveur pour ce qu'ils entreprenaient, découvrant en même temps qu'un chemin, surtout lorsqu'il est long et ardu, hérissé d'embûches, ne peut être fécond que si on l'emprunte heureux de tenter quelque chose, de croire que l'on va quelque part. Ces évidences de base devraient habiter chacun d'entre nous dans ses projets individuels – comme l'Homme d'État dans les projets qu'il propose à ceux qu'il prétend diriger.

L'école des mousses de Brest et de Cherbourg est un exemple en miniature de cet impératif d'action et de la façon dont il faut entreprendre le projet de société porté par ce manifeste politique.

Cinquième préalable : la guerre mère de toute chose – ou comment devenir orphelin volontaire

Il s'agit ici de changer notre regard sur la guerre et la paix, puisque cette dernière est le second *but* – juste après la liberté et avant la prospérité – que veut proposer la démocratie des États-Unis d'Europe. Contrairement aux États non démocratiques pour lesquels la guerre est une option parmi d'autres dans les rapports de force régissant l'ordre du monde, les EUE chercheront avant tout à éviter ce fléau mais ne craindront pas d'entrer dans la mêlée chaque fois que nécessaire pour préserver leur modèle démocratique. Ils géreront cette contradiction par la certitude qu'aucun droit ne peut perdurer sans une force suffisante pour le défendre. Si nous voulons faire durer le plus longtemps possible la parenthèse des quelque quatre-vingts ans de paix dont nous venons de bénéficier sur notre sol – parenthèse si exceptionnelle au regard de l'Histoire qu'elle pourrait se refermer du jour au lendemain –, nous devons nous engager sur des voies nouvelles concernant le fait militaire. Car « il n'est rien que le temps ne détruise à la longue ».

Réformer notre regard sur la guerre est chose peu aisée. Cela nécessite de nous débarrasser des deux tabous qui se sont imposés à nous dans le confort de la paix : celui de la mort et celui de la guerre. Dans la réalité du monde tel qu'il est et non tel que nous voudrions qu'il soit, nous devons réaccepter notre finitude – la mort est notre horizon à tous – et le fait que la guerre appartient à la condition humaine, et n'est pas extérieure à l'Homme.

L'Histoire est un « vaste bain de sang » et le demeurera longtemps.

Au sein d'une véritable démocratie, il n'existe aucune ambiguïté de fond sur l'utilisation de la force militaire au nom de la liberté et de la paix. La guerre juste existe. C'est celle qui est entreprise dans le but de retrouver une paix brisée par d'autres – « la France libre » de De Gaulle, par exemple. J'ai mesuré cela à mon échelle, autrefois, dans les rangs de la résistance afghane luttant contre l'occupation soviétique. Dans le sang, les larmes et la souffrance, aux côtés du grand commandant Mohamed Amin Wardak, j'ai pris conscience des années durant de la légitimité de certains combats ; j'ai pu méditer à trente ans sur leurs débordements potentiels, leurs limites et leur nécessité. Alors, je songeais à la description que nous a léguée Platon de son maître Socrate mettant son existence en jeu à la bataille de Potidée pour la défense de sa patrie athénienne. L'inventeur de l'éthique n'hésitait jamais à prendre les armes et à risquer sa vie pour préserver ce à quoi il croyait et que d'autres menaçaient. Qui s'en souvient encore ?

Les Anciens, notamment les stoïciens – encore eux –, l'ont dit il y a longtemps : pour préserver la paix, il faut dominer la guerre, non la craindre, et entrer vaillamment dans le combat quand il n'y a plus d'autre choix. C'est pourquoi il n'existe aucune incompatibilité de principe entre le statut de philosophe pacifique et celui de philosophe guerrier quand les circonstances l'exigent. On a beau vouloir la démocratie, elle se trouve ébranlée à l'instant même où l'on montre des faiblesses à la défendre.

« L'idéalisme réaliste », moteur de ce livre, peut encore être précisé à ce stade : il est volonté de conciliation et de concordance entre le réel et les choix de l'esprit. Cette forme d'idéalisme découle de ce qui a été exposé précédemment : l'adéquation entre ce que l'on pense et ce que l'on fait, entre l'action et la réflexion, l'ensemble formant un tout qui tente d'être cohérent. Cet ensemble choisit sans peine sa route dans le vieux débat entre la signification profonde du « pacifisme » – qui débouche toujours sur la compromission et la soumission – et ce que représente le fait d'être « pacifique » : s'interdire de vouloir dominer « l'autre » mais se défendre en toutes circonstances de quelque domination que ce soit.

Ainsi, nous ne devons pas craindre par avance, et inutilement, le cadre dans lequel les « guerres de nécessité » pourront se faire à l'avenir. Mais seuls les États-Unis d'Europe, par leur taille et leur dimension, seront à même de nous éviter ces guerres grâce à une « armée de défense » pensée et construite de telle sorte qu'elle dissuade toute agression. Nous devons devenir des proies si difficiles à digérer par les prédateurs nous entourant qu'ils y renoncent par avance.

Dans un cadre démocratique, il n'existe aucune contradiction entre d'un côté l'éthique et de l'autre l'armée. Celle de la France actuelle est un exemple structurel de ce qui pourra être réalisé à l'échelle des EUE. Chaque soldat français est le produit de la démocratie qui l'a vu naître et l'éthique du combat qui lui est inculquée au cours d'un long processus éducatif est une réalité. Notre armée se situe à des années-lumière de la soldatesque syrienne ou de la barbarie islamiste. C'est un fait. Et c'est notre honneur. Nous ne cessons de nous « empêcher » et de nous « obliger » pour maîtriser les versants humains les plus sombres que la guerre fait immanquablement surgir : l'appétit du sang, le goût du butin, la violence débridée, la loi du plus fort – ces choses de l'ordre de l'humanité la plus basse que j'ai vues à l'œuvre trop de fois chez d'autres que nous. Partout où nous combattons aujourd'hui, c'est avec exemplarité en dépit du handicap que cela représente sur le terrain face à des ennemis qui ne mettent aucune limite à leurs exactions et forfaits dans une violence de plus en plus désinhibée.

Les États-Unis d'Europe, s'ils existent un jour, n'auront de pérennité qu'à l'aune de ce qui vient d'être affirmé sur la guerre et la paix. Ils devront être une fédération de peuples réinventant le statut du soldat-citoyen, défenseur des siens et protecteur de sa civilisation – et le signifiant à tout ennemi avec la « force tranquille » de celui qui propose d'abord la paix mais consent par avance, si les circonstances l'exigent, à « mourir pour l'Europe ». Ne jamais rien abdiquer de la liberté, puisque la soumission débute avec la crainte de la mort ou lorsqu'on veut préserver la paix quel qu'en soit le prix.

Faute de citoyens de ce type, en France ou dans la future Europe, nous aurons bien des guerres à mener dont nous pourrions nous dispenser – et nous en perdrons plus d'une, si ce n'est toutes, comme jusqu'à présent.

Sixième préalable : patriotisme européen contre nationalismes régionaux

Ce qui vient d'être développé pose la question d'un « patriotisme européen » encore inexistant et donc à forger au milieu des égoïsmes nationaux actuels. Faire l'économie de la notion de patriotisme pour l'examen d'une communauté humaine, surtout lorsqu'elle est à constituer de toutes pièces comme les États-Unis d'Europe, reviendrait à vouloir dresser les murs d'une maison sans ciment pour lier les pierres qui la constituent. Économie intellectuelle dont s'exonèrent ceux qui, par dogmatisme et sectarisme, refusent l'évidence que les peuples existent avec des identités différenciées auxquelles ils se réfèrent pour exister ensemble, et ceux qui, dans l'abstraction de leurs théories, appellent de leurs vœux l'émergence de sociétés « procédurales » pour en finir avec les sociétés « substantielles » – selon la terminologie des philosophes politiques. Nous y reviendrons.

En attendant, rappelons qu'identité et patriotisme sont liés consubstantiellement depuis des millénaires et que le nationalisme est une invention récente. Réglons donc d'abord quelques problèmes de terminologie, de manière simple et non abstraite, surtout à l'heure des hold-up sémantiques des partis politiques sur tous les termes, symboles, devises ou emblèmes portant les valeurs de la république.

Qu'est-ce que mon identité ? Ma personnalité propre, ce qui me rend différent des autres individus et que j'ai le droit de défendre pour conserver une relation continue avec moi-même tout au long de ma vie. Qu'est-ce que l'identité de mon pays ? Sa personnalité propre, qui le rend différent des autres pays et qu'il a le droit de défendre pour maintenir sa continuité. Dans les deux cas, cette identité est appelée à évoluer – et même le doit – au fur et à mesure de l'écoulement du temps, afin de ne pas rester figée ; mais pour que cette évolution soit harmonieuse, elle doit se faire de façon endogène et non exogène – autrement dit, par choix.

Maintenant : qu'est-ce que le patriotisme, qu'est-ce que le nationalisme ? La définition la plus juste et la plus ramassée qui en ait jamais été donnée est celle de

Romain Gary : « Le patriotisme est l'amour des siens, le nationalisme la haine des autres. » Les écrivains nous aident souvent mieux que les philosophes à signifier les choses les plus complexes.

À partir de là, c'est au croisement du désir individuel d'action et de l'horizon collectif de la politique qu'on peut s'engager dans l'invention du futur patriotisme européen de telle sorte qu'il ne dérive jamais vers le nationalisme tout en conservant une force véritable.

Tout patriotisme trouvant sa source dans une identité collective, il faut introduire ici un concept nouveau, celui d'« identité gigogne » pensé sur trois étages de l'identité personnelle – identités qui peuvent devenir collectives. Commençons au niveau individuel. Qui suis-je moi-même qui écris ces lignes ? Suis-je corse ? Je réponds : Oui, pleinement. Suis-je français ? Je réponds : Oui, entièrement. Suis-je européen ? Je réponds : Oui, pleinement, entièrement et volontairement. Ces trois identités personnelles s'emboîtent les unes dans les autres en moi-même parce que je l'ai *décidé* – et sans aucune conflictualité entre elles parce que je l'ai *voulu*. Cela établi, il m'est possible de considérer qu'une quatrième et dernière identité, plus floue mais impérative, peut venir coiffer les trois premières dans le même principe de poupées russes. Cette ultime identité est celle qui m'apparente au reste du genre humain.

Ainsi peut se construire la solidité d'un individu et la confiance dans ce qu'il est. Ce sont cette solidité et cette confiance qui lui permettent d'exercer une volonté pacifique envers les autres tout en le rendant capable de leur résister sans défaillance si par malheur et nécessité il le faut.

Cela établi, l'identité d'un peuple européen équipé du patriotisme, tel que défini plus haut, est-il à même de se construire sur la cohérence de l'exemple personnel qui vient d'être fourni ? Oui, si ce peuple le *décide* et le *veut*. Affaire de conviction et de volonté, donc. Il y faudra, par conséquent, beaucoup de persuasion et un temps si long qu'il est nécessaire de commencer sans tarder. Nous verrons plus loin les pistes proposées à cet effet.

Une précision ici. Les stoïciens, ces inventeurs de l'humanisme d'avant le siècle des Lumières, avaient développé une théorie significative en matière d'identité, de patriotisme et de relations entre les Hommes, dans un continuum de pensée rigoureusement cohérent. Cette théorie allait par cercles concentriques, de l'individu lui-même jusqu'à l'ensemble de l'humanité. Le premier cercle contenait soi-même, le second, la famille rétrécie, le troisième, la famille élargie, le quatrième la cité, et ainsi de suite jusqu'au genre humain tout entier. Hiéroclès, au IIe siècle après Jésus-Christ, précisait que l'intérêt de cette conception résidait dans ce qu'on en faisait ensuite. À savoir : s'appliquer à rassembler tous ces cercles vers leur centre pour parvenir à considérer les individus contenus dans les cercles les plus éloignés comme d'autres soi-même. La notion de « citoyen du monde » est née à ce moment-là, non comme une réalité – le monde n'est à l'évidence pas une cité – mais comme un but vers lequel tendre. La formule spirituelle de cette « tension vers » a été donnée par le poète Térence un peu plus tard lorsqu'il a affirmé avec simplicité : « Rien de ce qui est humain ne m'est étranger. »

Cela amène à questionner l'injonction moderne du « vivre ensemble » . Elle est un mauvais signe. C'est une injonction du désespoir. Dans une société normalement constituée, vivre ensemble va de soi. Je ne me souviens pas qu'au temps de mon enfance on ait eu recours à un tel impératif pour m'indiquer quoi faire avec mes voisins. Entendre sans cesse cette injonction est un symptôme manifeste de société malade. Elle signale que toute source de fraternité naturelle s'est tarie, que le troisième terme de la devise française ne signifie plus grand chose. C'est cette fraternité qu'il s'agit de reconstituer en y réinjectant du sens par des actes concrets liant les Hommes entre eux, et non à l'aide de slogans devenus vides de sens et désincarnés. Ces actes concrets, capables de souder les citoyens, nous en disposons avec le projet des États-Unis d'Europe. La reconstruction de la fraternité par l'injonction *Faire de grandes choses ensemble* peut se voir alors comme une forme de salut sociétal doublé d'une dimension éthique nouvelle. Sans cette dimension revendiquée, il sera difficile de vaincre ce qui nous empêche aujourd'hui de « vivre ensemble » – du consumérisme exacerbé à l'effritement de notre homogénéité culturelle.

Le troisième terme de notre devise ainsi reconstitué procure toute sa force à la notion de solidarité qui en découle naturellement. Ce glissement d'un terme à l'autre n'est pas anodin. On en devine déjà l'impérieuse nécessité pour la construction d'une fédération de peuples disparates qu'il faudra bien rassembler par-delà les égoïsmes naturels avec un principe central.

Lorsque, à vingt-cinq ans, j'ai participé à la fondation de ce qui allait devenir l'une des plus grandes ONG humanitaire française, Solidarités International, c'est ce mot de *solidarité* que nous avions choisi pour injecter du sens à cet embryon de structure constitué de volontaires désargentés qui ne craignaient pas d'innover à partir de rien et sans aucun moyen financier. Mais une solidarité débarrassée de toute culpabilité malsaine et de toute charité honteuse. Nous pensions que ce terme de solidarité parlerait davantage à chaque Français que celui de fraternité, et en serait comme l'application concrète.

Dans la mesure où la solidarité est une éthique en acte, il convient de préciser, à l'intention de ceux qui considèrent que politique et éthique sont deux choses distinctes à ne surtout pas confondre ni mélanger, que c'est précisément parce que nous avons abandonné l'idée de les associer que nous ne parvenons plus à avancer d'un point de vue humain et collectif. C'est même ce qui nous détruit peu à peu.

Chaque fois que nous avons progressé, c'est en introduisant une part d'éthique dans le politique. Qu'est-ce, par exemple, que la *Déclaration des droits de l'homme et du citoyen*, sinon l'irruption d'un large pan d'éthique dans notre vision politique à un moment sanglant de notre histoire ? Et qui sont les hommes politiques les plus admirés dans l'histoire contemporaine, sinon Nelson Mandela, Gandhi ou Václav Havel ?

Éthique et politique sont les deux versants du gouvernement des êtres humains et, depuis au moins Aristote, la pensée occidentale n'a cessé de méditer la conciliation de ces deux versants. Une politique sans éthique n'est rien d'autre qu'une lutte de pouvoir réservée aux plus forts, abandonnant les faibles à leur sort. Il est ainsi légitime de considérer le cynisme de la *realpolitik* comme une forme de paresse intellectuelle doublée de l'autorisation donnée à tous les renards d'entrer sans permis à l'intérieur de tous les poulaillers. Accepter une politique sans éthique claire, c'est renoncer par avance, et en toute logique, aux efforts pour la liberté et la paix, valeurs éthiques par excellence. C'est, en fin de compte, se situer au niveau des États non démocratiques tout en prétendant le contraire.

Quant à la prospérité, troisième *but* du projet des États-Unis d'Europe, il découle de la condition de possibilité des deux premiers buts, liberté et paix. Son importance est à la mesure du fait, incontournable, que les hommes et les femmes aspirent par nature à vivre le mieux possible matériellement.

Pour achever ces considérations concernant le troisième terme de la devise française et son implication dans le projet des EUE, il convient de poser une autre question qui relève, elle aussi, du politico-éthique : quelle est la première qualité humaine requise pour la mise en chantier d'un projet collectif qui emporterait l'adhésion des Hommes, un par un ?

Pour y répondre, il faut analyser l'histoire des sociétés et leur actualité présente – qu'il s'agisse d'immenses ensembles humains ou de sociétés minuscules comme j'en ai observé tant et plus dans les lieux les plus reculés de la planète. La réponse me semble être celle-ci : pas une seule société ne se survit à elle-même sans l'acceptation par chacun de ses membres d'une forme de don de soi aux autres, que ce don s'effectue de manière volontaire ou par des mécanismes de redistribution obligatoires. La première qualité humaine pour ce qui nous occupe – comme pour tout le reste, sans doute – est la *générosité*. Elle forme un couple indissociable avec la fraternité, ce couple menant à la solidarité qui soude une communauté, de l'échelle de la famille à celui de la cité. Sans ce continuum de qualités humaines – socle de tout, à l'image des fondations d'une maison assurant la solidité des murs –, inutile de songer à bâtir un projet collectif. La générosité est un prérequis duquel découle, en outre, toute grandeur, tout panache, tout souffle vital. Cyrano jetant sur la scène d'un théâtre la bourse contenant toute sa fortune vaudra toujours mieux que l'oncle Picsou installé sur son tas d'or.

Usuellement, c'est le courage qui est donné comme qualité première chez un individu. Courage physique, mais surtout intellectuel, le premier étant plus fréquent que le second, c'est une constante au regard de l'expérience de terrain. Cependant, cette même expérience de terrain montre qu'un courage sans générosité conduit souvent à nombre de dérives et beaucoup de malheurs. Le courage, en vérité, n'est pas une valeur en soi mais un outil. On le dirige dans le bon ou le mauvais sens. Le courage des barbares de l'État islamique n'est pas moins grand que celui des Kurdes qui les combattent. Ainsi vont les choses. Il arrive, certes, que la générosité soit fréquemment détournée d'elle-même et dévoyée, mais toujours dans des proportions moindres. Affaire de degré et non de nature.

C'est en associant le courage au continuum formé par la générosité, la fraternité et la solidarité, qu'il peut se transformer en valeur. Alors, l'injonction *Faire de grandes choses ensemble* est assurée d'être dirigée dans le bon sens. Dès lors, défendre la liberté – premier *but* des États-Unis d'Europe pour ses citoyens – conduit nécessairement, et non de manière contingente, à vouloir aussi la liberté de ceux qui n'appartiennent pas au groupe auquel on se réfère. « Défendre la liberté » ne revient plus, comme souvent, à défendre *sa* liberté mais celle de *tous*. Ainsi se redéfinit en même temps la fonction centrale de la politique qui est d'améliorer toute condition humaine et pas seulement la sienne.

Septième préalable : la volonté de puissance comme condition de la liberté collective

Si tout ce qui vient d'être dit est mis en œuvre, alors le concept de puissance peut être considéré comme neutre en lui-même. Et le « seuil de puissance suffisante » à acquérir grâce à la construction des États-Unis d'Europe, évoqué au début de ce livre, la simple condition de l'acquisition et du maintien des trois *buts* à atteindre par ces EUE. De même que le courage, la puissance est un outil et non une valeur. Cet outil peut être dirigé dans le bon ou le mauvais sens, comme le marteau qui enfonce le clou ou écrase le doigt. Il ne peut devenir une valeur qu'à l'usage qu'on en fait.

La puissance recherchée et revendiquée dans la construction des États-Unis d'Europe trouve sa légitimité en tant que valeur dans les buts politiques et éthiques que les EUE se fixent et *l'esprit* dans lequel cette puissance s'exerce – l'humanisme issu des Lumières. C'est *l'essence* de cette puissance. Elle la rend d'office « non négative ». Cette volonté de puissance est celle des sociétés qui ont quelque chose à dire au-delà de la force qui permet de se faire entendre.

En revanche, il est des puissances qui se constituent en ce moment même autour de nous et dont nous ignorons les objectifs exacts – l'Inde, par exemple –, ou dont les buts sont clairement négatifs selon nos références – la Turquie, l'Iran, la Chine ou l'Arabie saoudite pour ne citer qu'eux. Tous exercent une volonté de domination de leurs voisins par la force militaire – et sans complexe.

Face à la mondialisation – qui s'est construite et se construira avec ou sans nous –, face à la militarisation de la plupart des pays non européens qui se réarment massivement, face aux enjeux civilisationnels auxquels nous confronte l'islamisme – pour ne citer que ces quelques défis –, tout projet franco-français reste voué à l'échec, il faut le répéter. Le « dérèglement militaire » du monde risque de nous rattraper bien avant le « dérèglement climatique » de la planète. L'Europe politique fédérée par le même destin est la seule condition de possibilité d'une Europe de la défense suffisamment puissante pour maintenir la paix et, par là même, d'une France indépendante retrouvant à travers les EUE sa puissance perdue.

La réalité étant ce qu'elle est, rien ne nous autorise à considérer avec certitude qu'il n'y aura plus de guerre en Europe nous concernant directement. L'agression de l'Ukraine par la Russie vient de le démontrer alors que personne n'y croyait quelques années plus tôt. Rien ne nous dit non plus que nous n'aurons pas à mener de très longues guerres à l'extérieur de nos frontières pour nous défendre. La situation générale du monde nous conduit plutôt à penser que les orages de l'Histoire se rapprochent et que nous n'avons pas réagi assez tôt pour préserver notre ciel encore bleu – et qu'il sera trop tard pour balayer les nuages si nous attendons trop. Raison pour laquelle la construction d'une véritable défense européenne est une nécessité impérieuse. Dans ce domaine comme dans les autres, elle est impossible au sein de l'Union européenne qui a trahi toutes les espérances que l'on plaçait en elle. Cette défense ne peut voir le jour que dans des États-Unis d'Europe.

Anticipons un instant sur la suite de ce manifeste en disant clairement qu'il faudra beaucoup de temps pour mettre en route le processus de création de ces États-Unis d'Europe et encore plus de temps pour les voir exister pleinement. Bâtir une véritable fédération de l'ensemble des peuples existant depuis le Portugal jusqu'à la Russie et de l'Islande à la Grèce, sur une matrice civilisationnelle commune, avec la puissance correspondante, prendra plusieurs générations. Il faut refuser de s'en effrayer. Il faut y voir, au contraire, un chemin que pourront suivre les enfants de nos enfants et leurs enfants après eux, en trouvant un sens à leurs routes individuelles. Aujourd'hui, je parle, pense, écris, pour l'enfant qui naîtra en cette année 2024, afin d'offrir à ses enfants à lui, vers la fin du siècle sans doute, une société capable par sa puissance de garantir cette liberté, cette paix et cette prospérité sans lesquelles un être humain ne peut en être vraiment un. En attendant, les pères de ces enfants, dont je suis, ainsi que leurs mères, auront à pousser inlassablement le rocher de Sisyphe sur la pente de la montagne à gravir, afin qu'il parvienne, un jour lointain, au sommet qui l'attend comme un destin naturel. Alors naîtront les petits-enfants de Sisyphe heureux.

Sur sa route, le rocher retombera souvent en arrière. Les obstacles seront de toute nature et innombrables, et innombrables encore les âmes basses qui tenteront de l'empêcher d'atteindre son but. Mais il est sans conteste entre nos mains de surmonter tout cela en transformant chacune de nos faiblesses en force. Je n'aurai pas la chance, ni vous lecteur probablement, de contempler l'aboutissement de ce rêve qui est une grande aventure et donc, par définition, une « croyance » désintéressée en quelque chose de lointain. Cependant, si nous y croyons suffisamment, notre fierté aura été d'initier cette aventure. Si tenter une entreprise est insuffisant pour la réussir, ne jamais la tenter est la plus certaine condition de l'échec.

En temps utile, nous passerons en revue tout ce qu'il faut réinventer pour bâtir ces États-Unis d'Europe : constitution fédérale, langue, capitale, structure de l'État, réforme des grandes écoles formant les élites, démocratie à rénover, etc. Nous verrons le déroulement des étapes pour parvenir au but à partir d'un noyau de pays et d'un certain nombre d'innovations et de réformes. Mais avant cela, si, fermant nos yeux et ouvrant notre esprit, nous nous projetons dans le temps pour « voir » ces États-Unis d'Europe et qu'ils nous « parlent », n'hésitons plus.

À ce stade, il faut nous méfier de deux pièges insidieux : d'une part les utopies qui aiment à s'engouffrer dans ce qui paraît leur ressembler et, d'autre part, le totalitarisme masqué des idéologues prétendant changer radicalement ce monde pour le remplacer par un autre. L'*idéalisme réaliste* chemine entre ces deux extrêmes et, par là même, reste le meilleur rempart pour leur résister. Il porte en lui dès le départ un principe de paix à la fois pacifique et combatif qui ne laisse aucune place aux errements de la brutalité. Sa finalité éthique protège chaque étape de l'action, excluant la violence du processus.

Nos fins ne justifient que les moyens les meilleurs.

Huitième préalable : les solidarités transnationales en actes, une révolution dans la révolution

Le titre de ce préalable en donne le ton : accepter que certaines des « fondations » nécessaires au nouveau projet européen passent par l'abandon libre et consenti d'éléments importants des actuelles souverainetés conçues au sens étroitement national. C'est là que devront intervenir la solidarité déjà évoquée et le patriotisme européen tel qu'indiqué. Ce pourquoi ils ont été placés antérieurement à ce préalable. C'est avec ces deux leviers, inlassablement expliqués pour convaincre, qu'il faudra parvenir demain à ce que les Portugais ou les Suédois considèrent les Polonais ou les Français de la même manière que les Bretons considèrent aujourd'hui les Basques, ou les Alsaciens les Bourguignons. Ils devront décider au plus profond de leur esprit que le malheur des uns fait le malheur des autres. Rude tâche, là aussi.

C'est vraisemblablement à ce stade que les opposants aux EUE argueront que l'appellation d'« États-Unis » pour l'Europe suggère une trop grande parenté avec les États-Unis d'Amérique. C'est sans importance sur le fond, comme expliqué plus haut. Ce qui compte, c'est que ce nom d'États-Unis d'Europe symbolise avant tout la volonté d'une union réelle et complète entre les nations qui les composent. Il n'existe aucune autre dénomination qui puisse s'imposer avec un tel caractère. Ni définir mieux la puissance recherchée. Si, en dépit de ce qui vient d'être dit, certains persistent à penser que les États-Unis d'Europe rappellent trop les États-Unis d'Amérique, répondons-leur alors : Et pourquoi pas, après tout ? Dans le monde futur, où les Américains continueront longtemps de compter, il n'y aura aucune mise à distance de la guerre sans une alliance avec eux. Elle devra simplement se faire sur un pied d'égalité. Seule cette alliance des deux « États-Unis » pourra contrebalancer les puissances du même ordre qui sont en train de se constituer en Inde, en Chine ou ailleurs, pour la plupart dirigées par des régimes autoritaires, dictatoriaux ou totalitaires – selon les trois niveaux de domination institués par les dirigeants de ces puissances sur leurs peuples. Quoi que l'on puisse penser idéologiquement, il faut évacuer le plus vite possible de nos esprits le clivage des anciennes représentations issues de notre histoire, à commencer par le colonialisme. Tout cela, c'est du passé, même s'il ne faut rien oublier. Ce qui se dessine aujourd'hui, c'est l'affrontement à venir, net et clair, entre les pays démocratiques, d'un côté, et ceux qui ne le sont pas, de l'autre. C'est là que tout va se jouer désormais. Ce sont les deux nouveaux « blocs » de l'histoire future. Dès lors, l'alliance avec les Américains est une nécessité. Mais si elle continue à se faire par le biais de l'Union européenne ou de l'OTAN et non par l'intermédiaire des États-Unis d'Europe, notre destin nous échappera ainsi que la liberté qui lui est associée. Faute de puissance suffisante, nous tomberons inévitablement dans la spirale d'une vassalisation par les Américains – vassalisation qui leur est naturelle et dont on sait qu'elle est déjà bien entamée.

Ainsi sont les faits, ainsi vont les choses, ainsi est la vie. La vérité du monde nous dit que les rapports de force existeront toujours, que le mal loge à l'intérieur de l'Homme, que les sociétés sont essentiellement imparfaites, que l'Histoire avance par mouvements tectoniques et hasardeux, que la démographie a des conséquences immaîtrisables, que le progrès technologique s'accompagne de dérives morales, que les civilisations sont mortelles, qu'un État mondial bienveillant est utopique, et qu'une vision irénique et apaisée du monde est pour longtemps inatteignable.

Mais si nous tenons d'une seule main l'idéal et le réel, un projet de civilisation nouvelle devient – éventuellement – possible, et repousse d'une main ferme l'essentiel de ces menaces.

Neuvième préalable : l'art du sursaut ou comment repassionner la politique

Les surréalistes prétendaient *repassionner la vie*. Peut-on *repassionner* la politique pour convaincre d'avancer dans la voie des États-Unis d'Europe ? Pourquoi ne pas essayer ?

Jusqu'ici, nous avons tenté de penser le réel en échappant aux constructions théoriques somptueuses de trop nombreux philosophes et sociologues – situées dans l'abstraction qui n'aide pas à vivre ce réel – et en nous opposant aux impostures des politiciens qui, dans le labyrinthe de l'immédiateté, n'ont rien à proposer face à ce qui nous attend.

En vérité, le choix ne nous est plus donné. Sans projet de puissance, nous courons au malheur : la fin de la liberté, de la paix, de la prospérité. En suscitant un sursaut, nous pouvons nous réapproprier l'avenir. Comment nouer les ressorts de ce sursaut ? Comment réaliser une révolution des esprits sans la violence révolutionnaire des corps ? Comment réussir sans « couper la tête des élites » malgré leur défaillance, ni imposer par la force quoi que ce soit. Il faut *convaincre*. Dans le projet des États-Unis d'Europe, pas question de remplacer par la violence une élite, aussi peu estimable soit-elle. Pas de tentation autoritariste. Juste l'autorité du peuple par les urnes. Tout autre discours disqualifierait les pages qui précèdent. Quand un projet de société se veut démocratique, on peut discuter du type de démocratie mais non refuser son principe même, celui de la délégation, de la représentation et de la participation. Il faut croire encore à la valeur pleine et entière du vote populaire, libre et éclairé.

L'expérience que je continue à vivre avec les Kurdes et leurs alliés arabes et chrétiens des Forces démocratiques syriennes est un exemple à suivre. Ils se sont battus et se battent encore contre les islamistes – qui torturent, égorgent, supplicient – sans jamais eux-mêmes torturer, égorger, supplicier. Quelle volonté pour ne pas ressembler à celui que l'on affronte ! Les académies militaires kurdes forgent des combattants à la colonne vertébrale éthique solide, leur apprennent le refus de la vengeance et de la revanche, juste la ferveur d'une juste lutte. La peine de mort a été abolie chez eux, la torture n'existe pas, toute dérive individuelle est punie, j'en témoigne, alors que tout pourrait les pousser aux extrêmes. J'admire chez eux cet art de résister à la pente glissante. Il ne faut jamais ressembler à ses ennemis – exclure absolument l'engrenage barbare des représailles.

Pour avoir mené bataille, je me suis souvent répété qu'il valait mieux échouer dans un combat et se retirer avec dignité, que de vaincre en se trahissant. Bien sûr, il est plus difficile de faire aboutir un projet lorsque l'on s'interdit certains choix, mais Camus rappelait dans *Le Premier Homme* combien cette injonction de son père lui fut vitale : « Un homme, ça s'empêche. » Finir sa vie meilleur qu'on ne l'a commencée – le but de toute existence bien comprise – passe par la succession de toutes sortes d'apprentissages et la capacité de s'interdire certaines choses malgré la vitalité qui nous anime, la tendance naturelle des êtres humains à répondre à la violence par la violence et le désir d'opposer la force à la force plutôt que l'intelligence – puis, si cela ne suffit pas, en dernier recours seulement, la force.

Le sursaut passera donc par le long et ardu processus de conviction qui s'achève devant les urnes. Un référendum, un jour, pour dire oui ou non au démarrage de la construction des États-Unis d'Europe est-il un objectif inatteignable ? Quel homme ou quelle femme politique le proposerait ?

Dixième préalable :
qu'est-ce qu'une personne politique ?

Les derniers mots du paragraphe précédent mènent à ce dernier préalable de compréhension : qu'est-ce qu'une personne politique au sens le plus vrai du terme ? Quelles sont les conditions de son émergence ? De quelle nouvelle élite avons-nous besoin ? En la matière, il est bon de chasser les idées générales pour recourir à des éléments précis et déterminants, condensés en une définition concise et significative.

À mes yeux, trois vertus – au sens grec d'*areté*, l'excellence – font depuis toujours les vrais personnes politiques :

1 – Des *convictions* profondes et non volatiles au gré des événements – autrement dit, des idées pour lesquelles on est prêts à tout jeter dans la balance et, s'il le faut, mourir.

2 – Une *vision* de ces convictions sur le temps long refusant le diktat du temps court – en quelque sorte une trajectoire absolue de la vision.

3 – Le *courage*, intellectuel et physique, d'appliquer ces convictions avec constance, en dépit de l'infortune et de l'adversité.

Que l'une de ces vertus manque et les deux autres sont ruinées.

Pour écarter d'emblée les hommes et femmes d'État « négatifs », et il y en eut dans l'Histoire, d'Attila à Gengis Khan et de Hitler à Staline – face sombre et inversée, toujours possible, des trois vertus citées –, il faut majorer ces vertus par la volonté de toujours faire coïncider, dans chaque action, chaque décision, l'intérêt personnel et l'intérêt collectif, l'intérêt de ses citoyens comme l'intérêt de ceux qui ne le sont pas – volonté éthique découlant des principes posés précédemment à propos de la solidarité. Alors, le portrait du véritable Homme politique se trouve achevé. Inutile d'ajouter autre chose. Tout ornement de parade est inutile.

En ce sens, les hommes et les femmes qui font profession de politique sont des passeurs de flambeau. Ils transmettent leur héritage en meilleur état qu'ils ne l'ont reçu. C'est cela, le progrès humain : porter un peu plus loin ce qui nous a été donné, le transformer en quelque chose de meilleur et de plus désirable.

Pendant trente ans, j'ai côtoyé des professionnels de la politique. Je compte aujourd'hui sur les doigts d'une seule main ceux correspondant à l'image que je viens de tracer. Je leur réserve mon admiration – ils émergent de la faillite des élites. Toutefois, je me refuse à les citer car toute polémique liée à des personnes serait comme une flétrissure de ce qui est essentiel à dire. Aucun de ces hommes n'a fait « carrière » au sens où l'entendent les « politiciens », négations caricaturales des personnes dévouées au bien public. Aucun n'a pu aller au bout de son destin par le fait d'un système empêchant l'émergence de tout ce qui peut mettre en danger l'entre-soi de la médiocrité érigée en modèle. Aucun n'en a conçu une amertume stérile. Ces « Hommes remarquables » n'ont jamais varié de leur route, tirant une légitime fierté d'avoir été seuls quand il le fallait.

Ingrate patrie, parfois.

Être minoritaire : péril suprême par temps de déclin.

La question centrale qui se pose est donc celle-ci : comment « produire » chez nous des hommes et des femmes politiques à la mesure du projet des États-Unis d'Europe ? Quelles sont les conditions de leur émergence ? Comment s'assurer qu'un jour nous puissions voter en toute confiance pour des élus convaincus, visionnaires et courageux ?

Des pistes seront tracées dans la dernière partie de ce livre, mais il faut d'ores et déjà nous demander pourquoi nous ne possédons plus de hussards magnifiques de la République. Convenons d'abord que l'aspect sacrificiel de tout ce qui vient d'être dit ne pousse guère aux vocations dans un monde dominé par le consumérisme et tout ce qui en découle. Alors, comment faire émerger à l'échelle d'une génération les personnels dont nous avons besoin ? Car la construction des fondations des États-Unis d'Europe doit commencer par cette volonté : « produire » à nouveau, et à tous les échelons, des hommes et des femmes politiques véritables, venus de la société civile. Afin d'y parvenir, il faut dynamiser d'urgence l'ensemble des valeurs portées par les préalables que nous venons de passer en revue et réduire autant que possible les valeurs de la marchandisation de tout ce qui existe, contrefaçons des valeurs véritables. De l'école maternelle au palais de l'Élysée, il nous faut refabriquer des « héros positifs » – comme l'étaient dans leur domaine et en leur temps les « hussards noirs de la République ». Nous verrons bientôt cela en détail. Toutefois, déclarons sans attendre que les hommes et les femmes de ce corps d'« hommes providentiels » auront un véritable rapport intellectuel avec leurs fonctions. Ils inviteront à leur table des philosophes et des écrivains plutôt que des économistes et des *people*. Ils seront forgés par de nouvelles formations académiques, radicalement renouvelées, destinées à leur fournir les expériences de vie nécessaires lorsque l'on prétend gouverner ses semblables.

Un tel corps ira de pair avec la construction des mouvements citoyens en cours, la multiplication des initiatives locales et les propositions associatives. Tout le monde pourra se comprendre et se compléter avec moins de peine qu'aujourd'hui. Ce corps politique pourra aider plutôt qu'entraver les desseins des citoyens pour affronter avec eux l'avenir inédit qui nous attend, du transhumanisme à l'extinction massive des espèces, de la mondialisation du crime à la mondialisation de la guerre, chacun y apportant quelque chose de nécessaire et de complémentaire.

Tout cela sera désespérément long. Mais pourquoi s'inquiéter ? Nous sommes un grand peuple et nous saurons toujours avoir un quart d'heure de souffle de plus que le destin.

Il suffit de décider.

À nouveau, les Kurdes de Syrie et leur révolution sont un exemple de ce qui est possible, même dans les drames les plus grands – ou peut-être à cause d'eux, hélas. J'ai connu, là-bas, des dizaines de jeunes étudiants à l'image des instituteurs français du début du XXe siècle qui, en lieu et place d'une immigration qui leur était facile, sacrifiaient tout à l'objectif donné par leurs dirigeants : que la moindre école dans le moindre village dispose d'un instituteur afin de rebâtir entièrement une éducation publique détruite par la guerre. Les accompagnaient dans leur œuvre des dizaines d'ingénieurs, d'architectes, de techniciens, de médecins, d'infirmières, de magistrats, qui parcouraient inlassablement leur pays, allaient là où on leur disait d'aller pour reconstruire, réparer, soigner, rendre justice. Le projet de créer, au cœur d'une Syrie dictatoriale et meurtrière, une région autonome, libre et démocratique, fondé sur la laïcité et l'égalité entre les hommes et les femmes – projet banal pour nous qui bénéficions de tout cela – parce que porté par un vrai personnel politique et des combattants et combattantes déterminés, a suscité suffisamment de ferveur populaire pour entraîner tout le monde, ou presque, vers le même but. Quelle volonté de fer et quelle passion. Et tout cela en dépit de l'opposition forcenée de l'ensemble des États de la région qui, craignant la contagion d'un tel modèle chez eux, ne cessent de les combattre. Le bonheur de ces gens-là, au prix de sacrifices quotidiens et d'innombrables tués et blessés, est d'être au service de quelque chose qui leur est supérieur, dans l'espoir qu'il leur survive.

Dès lors, comme disaient les stoïciens, le corps peut bien être en prison, l'âme est libre : un projet de société se doit d'être au service d'un idéal de bonheur individuel inscrit dans un destin collectif. Tout ce que nous avons oublié dans nos sociétés cyniques et matérialistes.

3

Une France incertaine à la croisée des chemins

Comment en est-on arrivés là ?
Un état des lieux nécessaire

Avant toute chose, la méthode, comme disait notre vaillant Descartes…

Deux principes de travail doivent être établis pour l'examen de notre situation actuelle et de tout ce qui va suivre ensuite. Le premier de ces principes concerne la méthode d'approche du réel et de son analyse, le second la question de la vérité. Ils sont au fondement de toute réflexion politique et de toute proposition en découlant.

Le premier principe veut pointer le défaut chronique de bien des raisonnements menant à notre vision de la vie, du monde et des choses qui le composent. Ce défaut réside dans ce que nous n'observons rien froidement avant de juger. Nous jugeons dans le même temps que nous constatons.

Une méthodologie rigoureuse – sans sectarisme ni idéologie – consiste à procéder selon trois étapes qui s'enchaînent sous forme logique grâce à ce qui nous fait Homme : la raison.

1 – Se borner d'abord à constater les faits du monde tels qu'ils apparaissent et pas autrement.

2 – Porter ensuite – et ensuite seulement – un jugement de valeur sur ces faits.

3 – Décider alors – et alors seulement – quoi faire de ces jugements, surtout si on leur attribue une valeur négative portant à vouloir modifier les faits en question.

Généralement, nous ne distinguons pas les deux premières étapes, abandonnant ainsi toute raison pour laisser place aux préjugés, aux idées reçues, aux passions, aux émotions. Dès lors, la troisième étape, celle de la décision, nous prive de la possibilité de trouver les meilleures solutions – si ce n'est dans les apparences.

À cela, on objectera classiquement que les faits en eux-mêmes n'existent pas et ne sont que le résultat de représentations mentales préétablies, de l'angle ou des perspectives sous lesquels ils sont observés, et sont donc dépourvus de valeurs intrinsèques. C'est une autre forme de la confusion signalée précédemment : constater tout en jugeant en même temps, sans distinguer ces deux étapes fondamentales qui doivent être séparées absolument.

De toute façon, les faits bruts du monde existent. La lune n'a pas besoin que nous l'interprétions comme un corps céleste ou une divinité pour être telle qu'elle est et pas autrement. C'est à nous de découvrir sa réalité vraie. La science est là pour ça.

Il existe des faits bruts et d'autres qui, sans doute, ne le sont pas. C'est là une affaire de discernement. Quoi qu'il en soit, ce sont les faits bruts qui forment les prémices de tout jugement passant par le raisonnement. D'où leur importance. Car à partir de prémices fausses, on débouche mécaniquement sur des conclusions erronées, quelle que soit, par ailleurs, la magnificence de l'architecture intellectuelle que l'on a pu construire grâce à la rigueur de l'enchaînement des raisonnements précédant le jugement. Nombre de nos maux viennent de cette funeste habitude.

Ce qui vient d'être rappelé nous amène au deuxième principe de travail, celui concernant la vérité. L'existence de cette dernière est une nécessité pour bâtir quelque projet que ce soit – et toute éthique. Cette affirmation est une déclaration de guerre au relativisme de notre époque prétendant que la vérité n'est que relative à nous-mêmes et que nous devons douter de tout par nature. Que tend à nous dire « l'air du temps » de nos sociétés imprégnées depuis peu de ce relativisme que l'on croyait terrassé depuis des siècles par la concurrence des courants de pensée rationalistes ? Que tout vaut tout, en définitive – c'est-à-dire que rien ne vaut rien –, et qu'il n'est au bout du compte ni ordre justifié, ni hiérarchie crédible, ni valeur réelle dans ce qui nous entoure. Confusion là encore entre « opinion » – ce que je *crois* – et « vérité » – ce qui *est* véritablement. Par exemple, ce que la science recherche dans son domaine – et trouve souvent – et ce que la philosophie est censée faire dans le sien – et trouve plus rarement…

Foucault, les structuralistes et quelques autres sont les ultimes responsables de ce magma confus où nous tentons de surnager. Ils ont réinventé un doute insidieux qu'ils semaient à chaque ligne de leurs livres et derrière chaque parole de leurs discours. Ils nous ont légué ce drôle d'héritage où, toute notion pouvant être déconstruite, il n'en est plus aucune de durable, empêchant, par là même, de construire quoi que ce soit. Il semble plus salutaire de penser comme un Bouveresse dans son *Nietzsche contre Foucault*, qu'il est inutile d'abandonner toute idée de vérité pour rester attentif aux « fausses vérités ».

Rien ne peut être accompli sans décider et croire qu'il existe des choses qui sont vraies et d'autres qui sont fausses, des choses qui valent et d'autres qui valent moins, de délimiter un tant soit peu ce qu'est le mal, le bien, le beau ou le bon. Sans quoi Mao finit par valoir Gandhi et Hitler Mandela. Refuser l'exigeante vérité et préférer le confort du relativisme revient à renoncer à toute éthique et à toute politique. L'évacuation, par ceux qui appellent à nos suffrages, de ce problème central de la vérité et de la façon dont ils la considèrent, ruine par avance leurs discours, faute d'assises solides.

Cependant, les sectaires et les dogmatiques croyant également que la vérité existe et, surtout, leur appartient, il convient d'être plus précis encore. Dans le cadre d'une politique de « l'idéalisme réaliste », il faut se situer, en fait, à l'intersection exacte du relativisme et du dogmatisme : la vérité existe, mais sa recherche, sa définition, sa matérialisation demeurent toujours difficiles, incertaines et fragiles, parfois impossibles ou sujettes à des remises en question régulière. Il existe des « vérités de faits » – celles que les juges recherchent dans les affaires criminelles –, des vérités relevant du temps qui passe et que l'Histoire confirme ou infirme – tel pronostic sur l'avenir qui s'est révélé plus tard vrai ou faux – et ainsi de suite. Les exemples sont nombreux des « types de vérités » que l'on peut définir et cela nous permet, en fait, d'avancer. C'est même l'épée que nous nous mettons dans les reins pour ne jamais reculer devant la crainte des vérités qui dérangent notre confort intellectuel lorsqu'on les découvre. Elles valent toujours mieux que la sécurité au sein de laquelle on s'est calfeutrés. La vérité n'a pas pour fonction d'être rassurante. Si le chemin vers elle s'avère le plus aventureux de tous, il doit être considéré comme exaltant dans ce qu'il suppose de quête intime et volontaire. S'engager sur ce chemin vaut mieux, toujours, que les dérives vagabondes et sans repères du relativisme. Elles mènent nécessairement à la vacuité, à la perte de sens, au chaos souvent, à la guerre parfois.

Il faut tenter de dire le vrai en toutes circonstances et, en politique, quels que soient les risques. Par exemple, ceux de la « récupération ». En la matière, ne craindre en rien de « faire le jeu » de qui que ce soit si, par hasard, nous sommes amenés à affirmer la même chose qu'un parti quelconque, sur tel ou tel point que l'on considère comme exact. Qu'un parti utilise un constat juste au nom d'objectifs qui ne le sont guère ne discrédite pas pour autant le constat. La vérité, quand elle existe, n'appartient à personne. Pas plus à ceux qui prétendent se l'approprier qu'à ceux qui refusent de l'entendre, au prétexte qu'elle est utilisée à des fins qui ne sont pas les leurs.

Dans ce domaine, il est bon de résister à l'intimidation du « politiquement correct », à ses dérives contemporaines, à la séduction des novlangues, à la facilité des « éléments de langage ». Ce qui compte, encore une fois, c'est l'intransigeante volonté d'essayer de dire le vrai – et s'il se refuse à nous, de le reconnaître. C'est la raison pour laquelle il était important de commencer par définir chacun des termes utilisés dans ce manifeste, tant certains mots ont été dévoyés – solidarité, fraternité, liberté même – pour être livrés à des fins contraires à leur sens premier.

Sans cela, impossible de dégager les *principes d'action* que proposera bientôt ce livre.

Premier constat : sans résilience, pas de puissance

Avec mon ami Gérard Chaliand – le grand poète et géopoliticien de notre époque, spécialiste des guerres irrégulières –, je considère que la *mutation des sensibilités* au sein de la civilisation européenne constitue un élément majeur, largement ignoré, d'explication de nos choix politiques comme de nos modes de vie, de notre vision du monde comme de notre appréhension des autres – et surtout des autres peuples.

La sensibilité des Européens d'aujourd'hui n'a plus aucun rapport avec celle qui prévalait il y a encore cinquante ans et qui vaut toujours dans nombre de régions du monde.

Si j'insiste sur l'analyse de cette mutation des sensibilités – dont aucun professionnel de la politique ne semble s'aviser –, c'est parce qu'elle est l'une des sources manifeste de l'état dans lequel nous nous trouvons aujourd'hui. Cette analyse se justifie donc ici. C'est une nécessité.

Qu'est-ce qui a modifié en profondeur notre *ethos* et notre *psyché*, provoquant cette mutation des sensibilités ? Un certain nombre de facteurs ont interagi entre eux et s'autoalimentent toujours, au point que l'on ne sait plus – comme dans l'histoire de la poule et de l'œuf – lequel a engendré l'autre et le processus qui a suivi. La liste non exhaustive de ces facteurs peut être dressée ainsi : crainte définitive de notre finitude et refus de la mort devenue taboue, disparition du sens du tragique qui permettait autrefois de surmonter l'adversité, fin des épreuves collectives et de celle suprême de la guerre, apparition de la société du spectacle et des loisirs, consumérisme exacerbé, individualisme porté jusqu'au narcissisme, étiolement des idéaux collectifs porteurs d'énergie.

À ce stade, selon la méthodologie proposée plus haut, nous ne jugeons pas encore, nous nous bornons à constater des faits. Sauf à être aveugle ou de mauvaise foi, nul ne peut les contester. En conséquence de quoi, nous sommes passés de toutes sortes de formes de *sensibilité* à toutes sortes de formes de *sensiblerie*. La résilience des peuples européens, d'un point de vue physique, psychologique, biologique, n'a jamais été aussi faible. D'autre part, les mécanismes de victimisation, individuels et collectifs, n'ayant cessé de se développer comme chacun peut le vérifier là aussi, la nouvelle éthique de la compassion généralisée – appliquée à tout ce qui existe ou peu s'en faut – est devenue dominante. Autrefois, être considéré comme une victime constituait un affront que l'on essayait de masquer. C'est aujourd'hui un statut que l'on revendique avec fierté. La compétition victimaire bat son plein. Il devient rentable d'être toujours plus victime que son voisin. Cette victimisation touchera bientôt à peu près tout ce qui peut se revendiquer minoritaire à tort ou raison.

Cette mutation s'est faite lentement, sur à peine plus d'un demi-siècle, et s'est appariée à d'autres phénomènes sociétaux pour favoriser, sans l'avoir cherché, le retour de l'irrationnel dans notre vision du monde, la perte de foi dans la science, l'effondrement de l'esprit critique – hors le champ de la consommation et du bien-être –, l'amenuisement du libre arbitre, le renforcement de la domination de l'émotion sur la raison dans les jugements portés sur toutes choses et tout événement. Cette mécanique incontrôlable a conduit à une érosion manifeste de la volonté de vivre libre. À trop habiter dans la part protégée du monde, on est amenés à n'être plus forgés par rien.

Si l'on veut un exemple largement symptomatique de cette mutation des sensibilités, en voici un : dans la seule journée du 27 août 1914, 27 000 soldats français sont tués pour contenir l'invasion allemande. Poincaré ne bouge pas de son bureau. En août 2008, une trentaine de nos soldats tombent dans l'embuscade d'Uzbin en Afghanistan. Sarkozy se déplace en personne là-bas, des hommages sont rendus à nos combattants dans la cour des Invalides, on dispose des bougies aux fenêtres, des discours à la nation blessée sont prononcés avec consternation.

Nous ne jugeons toujours pas, nous constatons froidement. Et élargissons le diagnostic.

C'est une « loi de nature » que les automatismes de la paix et de l'abondance produisent toujours les mêmes effets : des personnes surémotives à la sensibilité à fleur de peau, à la combativité diminuée, à la résilience amenuisée. Cette observation vaut chez nous comme dans n'importe quelle autre société suivant la même pente, dans l'histoire ancienne comme dans l'histoire récente. Les exemples sont sans appel.

C'est un autre fait également, corrélé à la mutation des sensibilités, que le courage est, chez nous, en voie de disparition. Phénomène parfaitement logique : disparaît ce dont on n'a plus besoin. Nous habitons depuis quatre-vingts ans ce qui est devenu, grâce à nos efforts, un territoire d'où la guerre a été éradiquée. La valeur courage n'est plus nécessaire dans un monde aussi préservé, de surcroît tourné vers le repli sur soi et l'atomisation des citoyens. C'est notre fierté d'avoir bâti un monde aussi sûr, mais il pourrait se retourner contre nous. Car il faut bien enregistrer simultanément que cette mutation de la sensibilité ne s'est nullement produite hors des nations occidentales – autrement dit dans les sociétés non démocratiques. Elle est restée à peu près ce qu'elle a toujours été. Et le courage n'y a pas disparu.

Jugeons maintenant. Faut-il se réjouir de cette évolution chez nous ou la regretter ? D'une manière générale et dans une vision universaliste du progrès humain, il faut se féliciter que le tropisme guerrier régresse, que la paix dure, que la prospérité soit recherchée. Le propre d'une nation civilisée est de produire des individus apaisés et disponibles pour autre chose que la guerre. Nos efforts doivent porter dans cette direction. Cela doit être établi sans réserve.

Mais encore faudrait-il que tout le monde suive le même chemin sur l'ensemble de la planète et dans le même temps. Sans cela – et c'est ce qui se passe aujourd'hui avec la constitution des deux « blocs » politiques mentionnés plus haut –, on trouvera d'un côté la violence et la force induite par la guerre et le conservatisme social, sans oublier l'épaisseur des nationalismes, et de l'autre l'affaiblissement provoqué par la mécanique de la paix et de la prospérité. Ce déséquilibre d'*ethos* et de *psyché* est porteur de graves dangers. Lors des conflits à venir, c'est dans la capacité mentale des combattants que se situera principalement l'asymétrie de la guerre – et non dans les matériels militaires utilisés.

Déjà, l'on constate sans peine combien les démocraties sont devenues faibles politiquement et les régimes non démocratiques d'autant plus forts – comme par un effet mortifère de vases communicants.

Ce n'est pas insulter un certain nombre de pays que de dire crûment ce qui s'y passe et ce que tout le monde sait – sans toujours oser l'affirmer publiquement – pour en tirer les conséquences : en Arabie saoudite, on coupe la main des voleurs et l'on tranche au sabre la tête des condamnés à mort. On ne s'en émeut guère là-bas. En Chine, on fusille à tour de bras et l'on déporte en camps sans sourciller. Dans les rues du Pakistan, on abat à la mitrailleuse les manifestants mécontents des décisions prises par le gouvernement. On trouve tout cela naturel – on prendra sa revanche une fois au pouvoir et on fera de même, le statut de bourreau succédant souvent à celui de victime chez les mêmes personnes. Au Sénégal ou au Salvador, on n'a cure de la manière dont on élève les animaux ou de la façon dont on les tue. C'est la norme et on ne voit pas où serait le problème. En Afghanistan, et dans une bonne partie du monde arabo-musulman, on fouette les blasphémateurs, on condamne les apostats, on pend les homosexuels et on lapide les femmes adultères. Avec l'adhésion de tous, ou presque. En Indonésie ou au Mozambique, on ne défile pas avec colère contre la pollution terrifiante qui se met en place, ou pour l'établissement du tri sélectif. On a d'autres préoccupations. En Somalie, on affame volontairement les tribus voisines pour les dominer et cette habitude ancestrale ne fait guère question. En Turquie, on lynche en public ses propres soldats s'ils se mutinent et l'on massacre autant que faire se peut, et avec joie, tous les opposants, à commencer par les Kurdes.

Aucun de ces faits ne peut être contesté : ainsi sont les choses pour l'observateur neutre et lucide. Ces faits bruts dressent la longue liste de nos « différences ». Nous pouvons et devons nous féliciter de ce que ces comportements aient disparu des sociétés européennes, mais nous devons garder en tête qu'ils persistent ailleurs et pour longtemps encore. La violence extrême est partout hors de chez nous, produisant des êtres infiniment plus « rugueux » que les nôtres – pour ne dire que cela. La valeur de la vie reste basse, à peu près au niveau de ce qu'elle était chez nous il y a un siècle et antérieurement. C'est dans tout cela qu'est le déséquilibre central. Et il est infiniment dangereux.

De surcroît, en Chine ou en Inde, comme dans toutes les nations très peuplées, la démographie modifie le rapport à la mort dans les armées. On ne juge pas les pertes au combat de la même manière quand on dispose comme en France de deux cent mille soldats tous considérés comme précieux, ou de plusieurs millions comme en Chine où l'individu, de surcroît, n'est rien d'autre aux yeux de l'État qu'une cellule anonyme et sans importance du corps national auquel elle appartient.

Le paradoxe du cumul de ces constats devrait nous interpeller : ce qui est une chance pour nous et devrait l'être pour tout le monde, universellement, se retourne déjà contre nous. Notre « solidité » individuelle et collective s'étant largement amoindrie, nous sommes moins aptes que d'autres à prendre des risques, moins capables de déployer notre énergie sans crainte, moins exercés à affronter les grandes épreuves – surtout sur le temps long. Nous n'en avons plus la « mémoire de la chair ».

Notre corps politique est à cette image. Plus aucun de ses membres n'a été forgé par quoi que ce soit de sérieux depuis l'époque pas si lointaine de la génération des Chirac et Mitterrand. Tous ceux qui nous ont dirigés jusqu'à eux avaient connu la guerre, une prospérité toute relative, l'infortune souvent, une insécurité constante, des épreuves multiples. Ils savaient ce que voulait dire avoir peur, faim ou soif. Ils avaient également appris ce que signifiait la souffrance des autres – et ce n'est pas rien.

L'expérience du tragique les poussait à méditer les trois questions essentielles de la vie, si fondamentales aussi pour la gouvernance d'un peuple : Le monde, comment ça marche ? La vie, qu'est-ce que c'est ? Les autres, qui sont-ils ?

Tous les Hommes politiques après Chirac et Mitterrand n'ont connu que l'abondance et la tranquillité. Ils ne sont en rien fautifs de cet état de fait, naturellement, mais cela ne leur donne pas la même étoffe, la même substance, la même structure mentale, la même colonne vertébrale. Bien des choses s'expliquent à partir de cette donnée anthropologique – à laquelle s'ajoute le constat navrant que ces Hommes politiques, s'ils devaient manger un sandwich dans la rue en guise de déjeuner, penseraient déchoir.

Une part de la situation actuelle de la France vient de ce corps politique que les épreuves de l'existence n'ont pas construit entièrement et dont la main hésite trop souvent pour les dures décisions. Qui ne le constate chaque jour ? Quoi que l'on pense de ce personnel politique et de ses idées, rien ne l'a préparé à affronter les périls qui découlent de l'ensemble des déséquilibres dont nous venons de rappeler l'existence.

Au cœur des grandes transformations que provoquerait le projet des États-Unis d'Europe, il y aurait donc le réveil des consciences engourdies et la préparation des élites à affronter les épreuves. Difficile chantier. Chantier essentiel. Comment réussir ? Par une formation entièrement nouvelle de ces élites dont nous avons besoin, quoi qu'on en dise, *via* la réforme intégrale des grandes écoles. Nous détaillerons cela bientôt.

Deuxième constat : la tragique confusion entre progrès humain et progrès technologique

L'un des plus grands étonnements qui saisit l'observateur attentif de notre société est le constat de l'étrange confusion qui s'est installée entre les notions de progrès humain et de progrès technologique – par-delà la confusion entre modernité et progrès –, comme si tous ces mots se confondaient les uns dans les autres à l'égal d'homonymes. Cette confusion doit être décryptée tant son incidence est immense sur le *type* de société dans lequel on décide de vivre.

Depuis l'aube des temps, nous sommes conditionnés par une équation simple : nouveauté = progrès. Tout ce qui est *nouveau* est *bon* par principe. Cette équation a été très longtemps valide dans ses grandes lignes et ne faisait pas débat. Nous progressions parallèlement dans les deux domaines, l'invention de l'imprimerie menant à celle des Droits de l'homme, la naissance de l'électricité cheminant avec celle de la démocratie.

Au tournant des années 1950, les choses ont commencé à changer – exactement dans le même temps que la mutation des sensibilités s'opérait. Peu à peu, plus rien n'est allé de soi. Les routes du progrès humain et celles du progrès technique se sont lentement séparées dans un divorce invisible qui a fait dire tristement à Hannah Arendt il y a plus de quarante ans : « Le progrès de la science a cessé de coïncider avec le progrès de l'humanité. »

Nul besoin d'être un observateur de talent pour lui donner raison. Chacun peut mesurer combien les progrès humains – paix, démocratie, solidarité – piétinent dans le monde, voire reculent ici ou là, tandis que ceux des technologies se multiplient à l'infini. Dans les divorces réussis, chacun poursuit sa propre route sans perturber celle de l'autre. Le divorce a mal tourné dans le cas du progrès. La conjonction entre la marchandisation progressive de nos vies et l'évolution sans frein des nouvelles technologies a commencé à se faire au détriment des progrès humains. Voilà quelque chose de tout à fait inédit dans l'histoire humaine et que la modernité n'attendait pas. Nous devons comprendre ce phénomène pour bâtir un projet de société.

De nombreux mécanismes se sont graduellement mis en place pour favoriser l'émergence d'une forme inattendue d'idolâtrie en la matière : la fameuse et bien connue désormais « religion de la modernité ». Au sein des sociétés humaines où les religions ancestrales demeuraient vivaces, elle s'est plaquée sur elles sans aucun problème. Dans celles où les religions d'antan périclitaient, elle les a remplacées. Dans les deux cas, ce fétichisme de la nouveauté transforme instantanément tout nouvel *outil* technologique apparaissant sur le marché en *valeur* nouvelle pour nos esprits – avec accusation de conservatisme pour ceux qui contestent cette opération en voulant d'abord exercer leur esprit critique pour juger du bien-fondé de cette nouveauté et de ses conséquences à long terme sur nos existences. Moyennant quoi, ce que l'on pourrait appeler « l'esprit de commodité » a pris le pas sur « l'esprit de liberté » qui prévalait jusqu'alors. Le goût de la facilité s'est ainsi mis à remplacer celui de la connaissance. Des impératifs faussement moraux – vivre avec son temps – se sont revivifiés simultanément sous la pression d'innombrables pouvoirs socio-économiques, bénéficiaires de cette alchimie, pour rendre impérative l'acceptation de toute nouveauté. Le souci des choses matérielles a largement pris le pas sur le souci de l'humain.

Ainsi, sous le masque de la modernité bienveillante, des interdits insidieux se sont mis en place pour éviter toute contestation des pouvoirs financiers ayant suscité ces bouleversements destinés à transformer les citoyens avertis en consommateurs passifs. On se souviendra ici du fameux « temps de cerveau disponible pour les annonceurs », cyniquement employé par un ancien patron de télévision dont le nom ne mérite pas d'être cité. Cet *imperium* s'est si bien imposé que le seul fait de mettre en avant son libre arbitre pour déterminer la valeur d'une nouveauté technologique revient à être instantanément rejeté dans le camp des passéistes ou à se voir coller l'étiquette infâme de la « réaction ». Pour savoir où se trouve le vrai, il suffit de relire les textes prémonitoires de Heidegger ou de Habermas concernant la prise de pouvoir sur nos vies par la science et les techniques – alliés à la production industrielle. Ce sont elles qui décident désormais de l'évolution de nos sociétés, de leur culture, de leurs valeurs.

Dans un projet de société comme celui des États-Unis d'Europe, on ne peut ignorer cette évolution qui prive la collectivité des Hommes de la maîtrise de son destin, puisque leur consentement préalable n'est jamais demandé. La démocratie puissante que les EUE proposent d'installer est seule capable de remettre le progrès humain au centre des préoccupations.

En attendant, il ne faut pas craindre de faire montre d'« esprit de résistance ». Et ne pas confondre celui-ci avec une quelconque volonté conservatrice. En l'occurrence, résister est un exercice de la lucidité et, pour tout dire, un impératif de liberté.

Ce que l'on pourrait appeler les « contre-progrès humains » existent bel et bien et il arrive souvent qu'ils prennent leurs sources dans les progrès technologiques. Comment déceler ces contre-progrès ? En cessant tout simplement d'associer par une sorte d'automatisme conventionnel – et pour le coup, conservateur – les concepts de nouveauté et de progrès. Nous ne devons les rapprocher qu'après examen, passant chaque nouveauté qui nous est proposée, quels que soient ses atours, au crible de la raison et à la toise du seul étalon de mesure qui vaille : l'Homme. Pour juger, nous disposons d'une matrice : celle de l'humanisme né au siècle des Lumières – sauf à refuser cet héritage, ce qui est une position politique comme une autre, mais rejetée par le projet de ce manifeste. Cela revient à poser inlassablement la même question devant chaque nouveauté : quelle sorte d'Homme produira-t-elle ? Et à décider ensuite, et ensuite seulement, de la valeur de cette nouveauté. Si celle-ci accroît ce que nous pensons être l'humanité de l'Homme, prenons-la. Il s'agit d'un *progrès*. Si cette nouveauté semble neutre, prenons-la éventuellement. Il s'agit d'un *faux progrès*. Si elle abaisse l'humanité de l'homme, refusons-la. Il s'agit d'un *contre-progrès*. Ces trois concepts peuvent aider à voir clair – en acceptant par avance, dans notre finitude, de nous tromper parfois dans cette traque essentielle.

Si l'on demande ici ce qu'il faut entendre par « humanité », nous pouvons répondre qu'être un Homme est le pouvoir souverain pour chacun d'entre nous d'exercer sa raison et ses facultés intellectuelles jusqu'à l'ultime d'entre elles : penser par soi-même afin d'agir librement. Raison pour laquelle les États-Unis d'Europe doivent exister pour être le creuset de cet esprit.

Sans attendre ce moment lointain, nous pouvons déjà reprendre le pouvoir sur les injonctions implacables et ruineuses, à tous points de vue, de la technologie sans buts humains et sur ceux qui la promeuvent pour leurs intérêts propres – qui se révèlent toujours financiers ou de l'ordre du matériel. Il est légitime de résister aux choses nouvelles quand elles dégradent l'Homme ou mettent à mal l'image que nous en avons. Les tenants de la technologie sans fin et sans frein nous enjoignent de faire l'inverse puisque, par essence, ils évacuent le souci de l'humain.

Il est manifeste que seuls les États-Unis d'Europe pourront contrer efficacement les menées des puissances économiques qui structurent selon leur volonté les changements de nos sociétés. Ce sont des puissances tout aussi préoccupantes que l'Inde ou la Chine, même si elles se situent sur un autre plan. Il s'agit naturellement des GAFAM – Google, Apple, Facebook, Amazon, Microsoft. Quels que soient les services pratiques et incontestables que rendent ces géants, ils sont à la manœuvre avec leurs gigantesques empires financiers pour décider, seuls, de la nature que prendra la société dans laquelle nous vivrons demain.

Troisième constat : l'éthique, mère de toutes les batailles

Qui ne voit pas de nos jours la déconnexion sans complexe entre la parole et l'action, la dénonciation sans gêne des promesses, l'oubli frivole de la parole donnée, le dédain pour les engagements pris, l'insouciance envers les conflits d'intérêts, les scandales financiers dont on s'amuse, le cynisme généralisé comme modèle d'intelligence, la trahison des idéaux les plus simples ? Nous respirons un air corrompu, dégradant les relations humaines, corrodant le sens de nos rapports avec la société, créant de l'insécurité inutile, de l'angoisse constante.

De tout temps ces toxines ont existé dans le dédale des sociétés humaines, mais le mal s'aggrave de jour en jour – et pas seulement à cause de la faillite des élites, ce serait trop commode. Nous sommes tous responsables. Où se situe la cause ? D'où provient cette défaite de l'éthique la plus élémentaire dans les rapports humains ? Où sont passés Socrate, Cicéron, Sénèque, Spinoza, Kant et tous les autres ? Pourquoi nous ont-ils abandonnés, pourquoi les avons-nous délaissés ?

Sans doute parce que nous donnons chaque jour davantage le primat à l'économie sur l'ensemble de nos activités. Tout ce que nous voyons, faisons, pensons, accomplissons, nous le faisons, sans même nous en rendre compte, à l'aune de cet étalon devenu la divinité par excellence. Chacun peut l'éprouver au quotidien, dans son entreprise, son association, ses loisirs, ses courses ménagères, et surtout dans l'analyse du discours politique.

Comme il est loin le temps où, pour conduire la France, un de Gaulle lançait : « La politique de la France ne se fait pas à la corbeille », interdisant à ses collaborateurs toute accointance avec le monde des affaires. Nos ministres avaient davantage de probité.

Comment en est-on arrivés à cette perte du sens collectif, du bien public, de l'intérêt général ? La réponse se trouve sans doute dans le labyrinthe de nos renoncements successifs. Toutefois, la défaite du politique contre l'économique n'est jamais une fatalité. Tout n'est pas perdu si nous nous débarrassons de la censure qui prétend nous priver des moyens de la puissance au nom de règles économiques dont nous oublions trop facilement qu'elles-mêmes sont fixées par des Hommes. Il n'y a pas de loi naturelle en économie pour nous interdire de penser la politique et ses idéaux comme nous l'entendons. Hélas, ceux qui démontrent que la concurrence libre et non faussée est une utopie qui peut se révéler meurtrière pour les plus faibles – ces économistes dits « hétérodoxes » – sont enfermés dans la cage idéologique des « hurluberlus » pour ligoter leur parole.

Le renoncement du politique à l'idéal des Lumières est la première faille dans l'éthique et tout ce qui en découle. Comment a-t-on pu oublier que l'économie n'est qu'une science humaine au service de l'Homme et non l'inverse – l'Homme comme chair à usine, qu'il s'agisse des usines au sens littéral du terme ou des laboratoires modernes à produire de l'Homme en batterie : les cabinets de conseil en audit, comptabilité, communication, stratégie, marketing et autres temples du maquillage néolibéral.

Ce brave et noble La Fontaine – un auteur pour adultes avisés, soit dit en passant – affirmait : « Le cœur fait tout, le reste est inutile. » L'essentiel est dit. Mais récite-t-on encore *Les Fables* de La Fontaine à l'école ? Y explique-t-on que l'éthique est une « contre-nature » à construire sans cesse face à la dureté du monde, qu'elle est le mode de fixation des règles et des lois de comportement entre les individus, ces lois humaines, trop humaines, qui nous obligent ? Si l'Homme ne s'empêche pas, le chaos règne. Le contrat social implicite de nos sociétés modernes suppose que les passions demeurent en retrait. Sans cesse, pourtant, nous les voyons ressurgir.

S'il n'existe aucun conflit de principe entre éthique et argent – ce dernier pouvant servir la première –, il y en a une, en revanche, entre éthique et profit. En la matière, il faut choisir. Voulons-nous une société qui ressemble à Socrate ou à Crésus ? Ce choix est le point de départ de quelque chose. Il correspond au sens même de la vie individuelle la plus élevée. J'ai plus d'admiration pour l'infirmière ou le pompier que pour le trader ou le banquier.

Notre problème central reste le lent délitement, par la volonté du profit constant et sans fin, des principes qui rassemblent les êtres humains en communautés capables de partager des buts communs. Pourtant, ces principes sont des valeurs accessibles à tous, des valeurs « gratuites » sur le marché de la vie – solidarité, sens du sacrifice, goût du bien collectif, courage, abnégation, nul besoin d'argent pour les acquérir. Et ces principes sont les seuls qui sont parvenus, dans les moments d'infortune de notre histoire, à former un ensemble éthique à peu près cohérent, ciment indubitable des individus en société, nous permettant de sortir de l'adversité et de repartir en avant.

La décomposition de cet ensemble est de plus en plus effective dans ses effets sociaux comme dans la domination à laquelle sont parvenues les « pensées » issues de l'économie de marché. Elle est bel et bien le résultat d'une érosion des valeurs « immatérielles » qui fondent l'Homme dans sa spiritualité aussi bien laïque que religieuse, au profit des valeurs « matérielles » dont l'invasion est sans égale dans l'Histoire. L'argent-roi comme principal étalon de la réussite sociale est une vieille lune ressassée, nous pouvons en convenir sans problème, mais nous pouvons également reconnaître qu'il existait jadis des contrepoids, provenant du savoir, du politique, de la science ou de l'art. Ils compensaient ces dérèglements. D'une certaine manière, ils tenaient l'argent en laisse. Aujourd'hui, ils s'étiolent peu à peu. Devant le référent Argent, tous les modèles de réussite traditionnels sont en voie de disparition – telles des espèces animales menacées d'extinction. L'instituteur, le soldat, le maire, le médecin, tant d'autres, sont débordés de tous côtés par la puissance de l'argent ajoutée à la confusion qui s'est installée dans les esprits entre réussite sociale et existence réussie. L'argent n'est plus tenu à distance de ce qu'il peut corrompre. Jamais il n'a été aussi bien installé sur son trône comme symbole et comme finalité ultime des motivations humaines – et non plus comme moyen dans le but d'accéder à autre chose, supérieur à lui. L'argent est, à ce titre, détourné de la fonction constructive qui peut être la sienne. L'affairiste remplace trop souvent l'entrepreneur, et le souci de la salubrité publique laisse la place à la gangrène sociale. On en mesurera demain les effets dévastateurs si rien n'est fait.

Les marchands sont dans le temple et ceux chargés de les chasser, les politiques, ont déserté leur poste.

Il faut le répéter. Rien de grand ne se réalise si manque la générosité, première des qualités humaines. Le courage est son glaive. C'est ensemble qu'ils doivent se porter au combat – aussi bien celui mené contre soi-même que celui déployé dans le monde lorsque ce dernier est mal fait.

Sans un principe de générosité politiquement affiché, assumé, revendiqué, aucune construction n'est possible. Dans les futurs États-Unis d'Europe, un pays riche ne pourra plus penser qu'il n'est redevable de rien envers un pays plus pauvre, quelles que soient les raisons avancées : cela reviendrait à trouver naturel que dans la

France d'aujourd'hui, les individus nantis refusent de payer leurs impôts pour les moins favorisés, au prétexte que ces derniers n'ont qu'à se débrouiller pour être riches, eux aussi.

Un pays évacuant la solidarité de son *essence* n'aurait d'autre réalité que celle d'une super entreprise du CAC 40, ce qui est malheureusement le souhait de bon nombre de politiciens libertariens. Un tel pays serait tout juste bon à aduler la croissance, à réfléchir au moyen de rendre obligatoire le paiement du secours en montagne ou en mer – puisqu'il faut faire de l'argent avec tout – et à considérer tous les bénéficiaires de minima sociaux comme des improductifs sans intérêt et inutilement assistés, responsables de leur sort. Des *losers*, en quelque sorte. Même si nous portons tous une part de responsabilité dans notre destin, celui-ci nous contredit parfois. La vie est une suite d'épreuves à surmonter dont nous sortons parfois vainqueurs, parfois vaincus. La solidarité n'a qu'un objet : compenser ces défaites pour les rendre momentanées. Une société n'en est plus une en s'y refusant. Et si la gratuité du service public est si importante, c'est parce qu'elle est un principe fondateur du troisième terme de notre devise nationale, la fraternité. Ce principe a un coût élevé. Il vaut la peine d'être assumé. Nous devons être autre chose qu'une société « ring de boxe » où l'on proclame : « Que le meilleur gagne ! » Ne peuvent s'ensuivre, à terme, que la désagrégation, la révolte et la violence. La fierté d'aider la queue de peloton doit se substituer au mépris que l'on en a et à la pingrerie qui en résulte. Comme dans une famille. Ni plus, ni moins.

La France n'est pas une colonne de chiffres que l'on aligne pour les permuter sans vergogne afin que le total en bas de page augmente sans cesse. La France est une nation de chair et de sang. Les États-Unis d'Europe ne seront pas l'addition des colonnes de chiffres de tous ses membres pour produire le tableur Excel le plus exaltant possible afin de faire se pâmer les marchés. Ils seront la multiplication de la chair et du sang des hommes et des femmes qui les composeront et dont on aura le souci premier. Les chiffres suivront.

Contre les économistes de tout poil, il faut engager le pari qu'une société redevenue elle-même, se serrant les coudes, produirait une économie plus forte rien que par la confiance qu'elle propagerait entre ses membres et le goût retrouvé d'entreprendre, de risquer, de se démener. La solidarité, c'est de l'énergie en marche.

En attendant, pour nombre de nos politiciens et de nos affairistes, le premier terme de notre devise, la liberté, consiste à accorder au plus fort la permission de traiter ses semblables à son gré, et le deuxième terme, l'égalité, la possibilité pour les plus entreprenants de rendre les plus faibles égaux par le bas. Quant au troisième terme, la fraternité, ils ne l'entendent même plus. Trahison, une fois de plus, de notre héritage.

Ainsi, la solidarité – dont l'inscription sera effective dans la future devise des États-Unis d'Europe – devra être à l'œuvre juridiquement et dans les esprits, à tous les niveaux, de l'échelon du village à celui des plus hautes instances. Sinon, une fois encore, rien ne sera possible. Ce défi est devant nous.

Le combat de l'éthique contre le mal inhérent à la nature humaine est récurrent dans l'histoire de l'humanité – éternel retour du même oubli puis de la même flamme. Socrate fut condamné à boire la ciguë en – 399, mais son message n'a cessé de ressurgir. L'éthique est mille fois morte et a mille fois ressurgi de ses cendres pour irriguer la vie de sa fécondité. Nous sommes simplement dans le creux de la vague, une nouvelle fois. Il nous faut en sortir puisque aucun progrès humain ne peut s'envisager sans une réhabilitation de l'éthique politique au sens le plus fort. Pour cela, il faut examiner point par point où et comment elle a été vaincue, où et comment nous pouvons la refonder, la manière dont nous devons l'évaluer. Sinon, pas d'États-Unis d'Europe possible, pas d'espoir réel pour l'avenir.

Où s'apprend l'éthique ? Dans les trois sphères successives où s'inscrit le cours de la vie d'un homme, de sa naissance jusqu'à l'heure où il quitte ce monde : la famille, l'école, la société. Toutes trois sont en dissolution avancée. Faute morale, faute politique.

La famille ? Qui ne voit autour de lui son état de déliquescence, toutes ces familles recomposées, éclatées, surmenées par le travail, épuisées par la course à l'argent, où l'on peut moins que jamais éduquer, laissant trop souvent les enfants livrés à eux-mêmes et les grands-parents abandonnés en maisons de retraite. Il ne s'agit pas de condamner l'évolution des mœurs – elles sont ce qu'elles sont et l'expression de choix individuels qu'il faut laisser libres – mais d'établir un état des lieux lucide et de mesurer ses conséquences. Il faudra donc trouver autre chose que des lois de contrainte pour ressouder un tant soit peu cet ensemble au profit des enfants.

L'école ? Personne ne conteste plus la baisse de son niveau, son abandon du minimum d'apprentissage civique et citoyen, le choc qu'y ont provoqué le « déconstructivisme », l'idéologie, le mépris de l'autorité des maîtres. On y a perdu de vue l'essentiel : l'école n'est pas le lieu de la préparation au monde du travail, mais celui de la formation des consciences, de la transmission du savoir et de son héritage bimillénaire. Cette armature permet seule d'entrer dans la société de manière libre et consciente, pour choisir ensuite sa propre voie et devenir l'auteur de sa vie. La formation à la vie professionnelle ne doit intervenir qu'après cette lente maturation. Pour cette école, une refondation est impérative sur des bases qui ont fait leurs preuves. Qu'à tout le moins l'école « répare » un tant soit peu les failles familiales, réapprenne qu'on ne gagne pas en liberté par la surconsommation – c'est même l'inverse – et qu'elle redevienne le tremplin possible vers un élitisme du mérite et de l'effort. Aldous Huxley, dans *Retour au meilleur des mondes*, intitulait déjà avec sagesse l'un de ses chapitres : « Être instruit pour être libre ».

La société ? Même recul de l'éthique et de la solidarité volontaire, c'est désormais une affaire entendue. À ce recul s'ajoute autre chose qui creuse encore la tombe de nos libertés : l'altération douce, lente, insensible et vénéneuse, de ce que l'on appelle encore, mais jusqu'à quand, « l'information » véhiculée par les médias traditionnels. Altération qui s'opère dans le creuset en fusion de deux autres idoles de notre modernité, bien identifiées par tout sociologue qui se respecte et tout citoyen qui s'inquiète : la « communication » et le « divertissement » – au sens pascalien du terme : se « distraire » de l'essentiel. La communication et le divertissement en lieu et place de l'information et de la culture – même si toutes deux résistent autant qu'elles peuvent – transforment en profondeur notre vision du monde, réduisent les relations humaines à leur portion congrue, modifient notre perception de la violence. Tous les observateurs avertis savent aussi cela.

Les faits du monde qui nous étaient jusque-là donnés par « l'information » afin de permettre à chacun d'entre nous de comprendre, juger et décider, laissent peu à peu la place à l'insignifiance, qui est devenue notre pain quotidien, à la désinformation dont nous peinons à démêler les fils, à la propagande qui est sa sœur jumelle, à toutes sortes de distorsions de la vérité. Tout cela agit avec d'autant plus d'ampleur que la jeunesse se détourne massivement des médias traditionnels, préférant « s'informer » dans les voies parallèles et incertaines des réseaux sociaux, et que les adultes achètent de moins en moins « leur journal » au kiosque du coin, les privant du même coup de moyens financiers. D'une certaine manière, nous assistons à la disparition progressive de l'information *honnête*, au sens où des professionnels faisaient de leur mieux pour fournir à leurs concitoyens un état du monde aussi proche que possible de ce qu'il est, et disposaient des moyens nécessaires pour cela. Jamais nous n'avons autant vécu dans le mensonge. Ces professionnels se font de moins en moins nombreux, le nombre des « animateurs » augmente, les médias sont presque tous passés sous la coupe de groupes industriels et financiers se permettant d'orienter les lignes éditoriales à leur convenance, et les écoles de *com* fleurissent avec arrogance, tandis que celles de journalisme piétinent avec fierté. Je ne connais pas un seul journaliste qui n'ait à se plaindre du lent délitement de son métier, de son manque de moyen, du renoncement de ses chefs, malgré nombre de séditions ici ou là.

Dans le même temps, et comme chacun le sait aussi, réseaux sociaux et jeux vidéo, fonctionnant sur l'addiction voulue par leurs concepteurs, installent la jeunesse dans une confusion vénéneuse entre le réel et le virtuel, fournissant une vision jamais vue de la violence entre les Hommes et banalisant celle-ci à un degré sans équivalent dans notre histoire. La vieille injonction éthico-religieuse du « Tu ne tueras point » n'est plus guère audible. Elle est devenue, par mimétisme, elle-même virtuelle. On en mesure déjà l'effet dévastateur dans les cours d'école, les massacres de masse aux États-Unis, et jusqu'au recrutement des jihadistes de l'islam.

Cette fin programmée de la véritable information – si rien n'est fait – nous entraîne dans un nouveau monde que certains spécialistes appellent déjà la « société de post-vérité ». On nous la vend comme une avancée inévitable du progrès moderne, comme quelque chose d'au fond sans grande importance. Cette horreur programmée pour les derniers peuples libres est le dernier clou enfoncé dans le cercueil de l'éthique. « Post-vérité »... Ce seul énoncé devrait provoquer une révolte massive des peuples libres. On devrait les voir se répandre dans les rues pour mettre à bas, et sans délais, cette nouvelle Bastille de sa prison future. Mais nous ne sommes plus en 1789. Nous avons été « distraits », au sens littéral du terme, et seuls quelques rescapés de la libre-pensée se rebiffent. Sommes-nous devenus des animaux domestiques ou nous reste-t-il encore un peu de cet esprit sauvage et libre des mavericks galopant dans les plaines immenses ? Sommes-nous devenus des bœufs que l'on mène paisiblement à la traite ou y a-t-il encore en nous un peu de cette flamme qui brûlait dans le cœur du loup maigre de la fable de La Fontaine, ce loup splendide refusant d'échanger sa liberté contre le confort proposé par le chien gras portant collier ?

Cette flamme persiste à n'en pas douter dans le grand peuple que nous sommes encore. Elle n'attend que de se réveiller.

Il nous faut souffler sur les braises.

La volonté de création des États-Unis d'Europe est aussi une révolte contre cette résignation à la « post-vérité », ce contre-progrès parmi les plus emblématiques, prélude à notre asservissement. L'information étant une quête du vrai à extraire sans cesse du chaos du monde pour nous instruire, il nous faut considérer son délitement comme une attaque frontale du monde marchand contre l'esprit humaniste des Lumières qui fonde la tentative de cette création civilisationnelle des États-Unis d'Europe. Une attaque existentielle.

Quatrième constat : les hommes ne sont pas faits de procédures mais de culture

Le début de ce manifeste évoquait le *type* de société voulu pour les futurs États-Unis d'Europe. Après avoir établi un bref constat de l'état des lieux de notre société, il faut lui ajouter un autre point de vue : l'analyse de la structure actuelle de son homogénéité ethnoculturelle et religieuse. Cette question, parmi les plus explosives qui soient – chacun en a conscience –, représente l'une des plus grandes difficultés de notre temps. Elle ne peut donc être évitée. Elle mènera mécaniquement à la définition du *type* de société nécessaire à la construction des États-Unis d'Europe.

Cette problématique est d'une telle complexité – un livre n'y suffirait pas – qu'il nous faut la résumer en allant à l'essentiel. Pour être bien compris, il me faut commencer par exprimer ce que « l'Autre » est pour moi – après quarante-cinq ans d'expérience avec lui sous toutes les latitudes et dans bien des situations. Cet exercice rapide d'anthropologie philosophique et comparative est, à mes yeux, le préliminaire à toute analyse lucide et sereine sur ce qu'est l'état d'homogénéité d'une société et sur ce qu'il est possible de proposer comme création d'un nouveau type de société pour les États-Unis d'Europe.

Qui donc est l'Autre ? L'Autre est d'abord celui qui n'est pas moi. Il est par conséquent l'ensemble de tous les êtres humains existant sur Terre, à la fois ceux qui se trouvent à côté de moi, dont l'altérité est faible, et ceux qui sont loin de moi, dont l'altérité est plus ou moins forte. « L'Autre près de moi » parle ma langue, vit dans une culture semblable à la mienne et possède un socle de croyances communes avec moi. Il ne faut pas l'éliminer de notre réflexion, car c'est celui avec lequel je suis le plus souvent en communication et avec lequel je dois exercer une solidarité constante.

« L'Autre loin de moi » parle une langue différente de la mienne, vit dans des croyances et coutumes qui me sont étrangères, et je dois m'efforcer de les connaître pour communiquer avec lui et exercer ma solidarité si nécessaire. Cet effort est proportionnel à ce qui nous sépare, mais peut être accompli plus commodément si je garde à l'esprit que, derrière les différences qui séparent les Hommes, se trouvent des ressemblances qui peuvent les réunir. Cet effort devient moindre pour moi si l'Autre a cette même conscience. Cet effort augmente s'il la méconnaît ou la refuse.

« L'Autre loin de moi » est multiple et protéiforme. Il y a beaucoup d'*Autres* sur Terre. L'Autre au Venezuela n'est pas l'Autre au Bangladesh et tous les deux se considèrent entre eux comme des Autres. L'altérité est un kaléidoscope aussi tournoyant qu'un manège enchanté. La capacité à ce que deux « Autres » se fondent dans le même creuset, se comprennent et s'acceptent, dépend du degré d'altérité qui les sépare et des efforts consentis des deux côtés pour dépasser les différences de ce degré d'altérité. Il va de soi, par une loi de nature, que, si ce degré est faible, l'effort l'est tout autant – et inversement.

Néanmoins, quelle que soit l'altérité de l'Autre, quelle que soit sa culture, et quel que soit l'endroit où il vit, il est semblable à tous les Autres par ce qui le conduit : l'intérêt et les passions, comme déjà dit. Et semblable encore à eux par ses émotions – de la joie à la tristesse en passant par l'amour et la haine. À titre personnel, j'ai parcouru une infinité de chemins dans la « cage des méridiens » pour trouver le « Même que moi » partout dans le monde, le « Même derrière l'Autre » dans des retrouvailles avec l'universalisme et l'évidence du substrat de nature humaine logeant dans chaque Autre.

Il arrive cependant que ces retrouvailles se révèlent décevantes. L'universalisme ne fonctionne dans le dialogue que s'il est partagé par tous ceux qui dialoguent. Qu'un seul le refuse et l'édifice se ruine. Si l'on n'est pas respecté par celui que l'on respecte, le dialogue cesse, le blocage commence, la guerre devient une possibilité. Ainsi en va-t-il souvent dans les sociétés trop hétérogènes.

J'ai rencontré un nombre d'Autres considérable tout au long de ma vie, surtout en vivant à l'intérieur de leurs sociétés. Je les ai pris tels qu'ils m'étaient donnés, sans les juger, leur accordant tout le respect qui leur était dû et, de manière générale, ils me l'ont rendu. Si je m'étais refusé à les respecter chez eux, ils m'auraient rejeté et ce n'aurait été que justice. On ne reçoit jamais qu'autant qu'on a donné, et à l'exacte proportion.

J'en suis arrivé à la conclusion que s'il est une chose, une seule, qui peut rendre chaque être humain véritablement semblable à tous les autres, il ne faut pas la chercher dans une raison « passive », comme le sang identique qui coule dans les veines de tous les êtres humains – ainsi qu'on le dit souvent –, ou dans les sentiments et les émotions qui habitent les Hommes sans exception, ni même dans les lieux habités en commun. Il faut la chercher dans une raison « active » qui fait que, lorsqu'un Homme décide, par ses actes, d'accorder quelque chose de lui-même à un Homme qui ne lui ressemble pas, il devient par là même son semblable. Cela suffit. Et nous ramène à la solidarité. Nul besoin de mots – souvent factices ou trompeurs –, juste des actes.

Ceux qui ne marchent pas sur cette route, ceux qui ne cèdent rien d'eux-mêmes, ceux-là peuvent avoir la même couleur de peau que moi, parler la même langue, partager la même culture, la même histoire, le même destin, tout ce que l'on veut, s'il n'y a que cela, ils me resteront étrangers. Bien des Hommes dont tout me séparait *a priori* me sont aujourd'hui plus familiers que des Français que je côtoie chaque jour, parce qu'à un moment au moins ils ont su m'accorder une part d'eux-mêmes – et moi leur donner une part de ce que j'étais. Ce pour quoi je peux me sentir plus proche d'Afghans qui m'ont sauvé la vie dans la guerre, ou moi sauvé la leur, plus intime avec des Kurdes ou des membres d'une tribu Saa perdue dans le Pacifique, que de ces Français-là. Mais si certains de ces Français me concèdent la même chose, et que des actes nous réunissent, ils me deviennent alors doublement fraternels.

Je parle d'expérience, on ne peut pas me raconter d'histoire.

Cette solidarité qui fait les Hommes semblables est, en définitive, tout ce qui compte.

Cela établi, passons au constat de l'homogénéité actuelle de la société française. Là encore, il faut commencer par constater les faits sans les juger dans le même mouvement, à la façon d'un scientifique penché sur une expérience dans son laboratoire. Mais, en réalité, nul besoin d'être un expérimentateur avisé pour découvrir ou vérifier par soi-même les faits bruts que je vais décrire, surgis de la nature humaine. Chacun en a déjà pris conscience ou peut le faire demain, s'il n'est pas bridé par une idéologie quelconque et observe sans passion et avec raison le monde tel qu'il est.

Il a fallu plusieurs siècles, de nombreuses guerres, et bien des contraintes sociales pour fondre en une seule nation, à peu près cohérente, l'ensemble des peuples compris originellement dans les frontières actuelles de notre pays. Bretons, Basques, Tahitiens ou Corses ont fini par partager un socle commun de croyances, de coutumes ou de valeurs, la même langue et les mêmes lois, tout en conservant les particularismes auxquels ils étaient attachés et qui n'entraient pas en contradiction avec ce socle commun. Une identité collective s'est peu à peu créée, évoluant sans cesse, mais de manière *interne*, quels que soient les apports extérieurs. Dans le même temps, ces Français de création ont agrégé à eux un nombre important d'étrangers – Espagnols, Italiens, Portugais – dont l'origine était voisine et qui acceptaient le principe d'assimilation qui était exigé d'eux pour devenir membres à part entière de leur nouvelle communauté. Cette assimilation portait une part de sacrifice en contrepartie de leur nouveau statut et ne les renvoyait plus à leur spécificité première. Ils n'étaient plus l'*Autre* mais le *Même*, avec toutes les prérogatives de droits et de devoirs que cela comportait. Naturellement, cette assimilation était favorisée par la proximité culturelle, l'identité des religions – qui s'étaient sécularisées entre-temps –, des langues venues de la même matrice, notamment latine, et par la fascination d'une France puissante et attractive à l'époque, dont les nouveaux venus pouvaient être fiers. Malgré mille soubresauts, le système fonctionnait de génération en génération et la République, selon sa volonté, demeurait « une et indivisible ».

En à peine un demi-siècle, cette homogénéité de la société française a disparu. Chacun peut s'en rendre compte d'évidence et les débats interminables sur l'identité nationale trouvent leur source dans ce changement brutal, effectué en moins de temps que la durée d'une vie humaine. D'où son effet déstabilisateur.

Que s'est-il passé ? La conjonction de trois phénomènes, au moins : d'abord, l'origine des apports humains extérieurs s'est modifiée avec l'arrivée de populations aux différences beaucoup plus marquées – venues du Maghreb et d'Afrique noire principalement. Des *Autres* dont les langues, les religions et les coutumes ne possédaient que peu de proximité avec celles des Français. Ensuite, l'abandon du principe d'assimilation au profit de celui d'intégration, voire de simple insertion. Enfin, l'érosion des ciments nationaux portés par les précédentes générations, notamment celui de patrie, érosion générée par la déconstruction massive et accélérée, effectuée par nous-mêmes, de tout ce que nous étions auparavant, nous rendant moins attractifs que jamais. Ces trois phénomènes se sont conjugués à l'exaltation des différences au détriment des ressemblances, donnant presque comme impératif de vie aux nouveaux arrivants de rester tels qu'en eux-mêmes, respect qui leur était désormais dû par leurs hôtes sans contreparties particulières, si ce n'est de ne pas s'affranchir des lois. Cette volonté de faire prédominer les différences sur les ressemblances, au détriment de ce qui nous fait tous les mêmes, cantonnait les nouveaux arrivants à leurs statuts d'origine en leur refusant par une étrange mécanique intellectuelle de faire intégralement partie de notre communauté, au prétexte tout aussi curieux de les protéger contre cette même communauté qu'ils avaient décidé de rejoindre. Cet enthousiasme pour les différences s'est vite mué en une idéologie de la diversité. Elle ne pouvait mener qu'à la tentation d'une politique des identités particulières au détriment d'une politique générale s'adressant à tous les individus considérés comme les *mêmes*.

Notre code civil a ainsi été oublié comme on laisse un champ en jachère. Il affirme pourtant : *Nul ne peut être naturalisé s'il ne justifie de son assimilation à la communauté française.* L'oubli de ce que nous étions après des siècles d'efforts – une seule communauté dans une France unique – a provoqué une réduction des mélanges humains entre nouveaux arrivants et anciens habitants, et segmenté la société en communautés disparates conservant chacune une grande part de leur identité d'origine, et coexistant avec plus ou moins de bonheur dans le même espace public. Deux années de vie et d'étude dans le quartier de Château Rouge à Paris m'ont permis d'en prendre toute la mesure en examinant ces phénomènes à la loupe, froidement et lucidement. J'exclus dans l'immédiat tous les phénomènes relatifs à l'islamisme dont l'analyse viendra dans la partie de ce manifeste réservée aux huit défis mondiaux que nous avons à relever.

En attendant, le sentiment de dépossession qui est né dans les populations installées de longue date fait craindre à ces dernières leur dissolution définitive dans cette société mosaïque qui n'a plus rien à voir avec la continuité du passé – et sans que le consentement collectif du peuple ait jamais été demandé. Ils ressentent cette nouvelle société en gestation comme ce qu'elle devient peu à peu, remplaçant l'unité de la nation : un conglomérat de tribus désunies dont les molécules ne demandent qu'à imploser à la première occasion. Ils constatent aussi que ce multiculturalisme exacerbe une concurrence victimaire absente jusqu'alors. Ce sont tous ces phénomènes qui expliquent la montée des populismes, l'exacerbation des replis identitaires, le retour vers le nationalisme au détriment du patriotisme et le renforcement de l'extrême droite partout où se manifeste cette évolution. Peu à peu, les Français ont le sentiment que leur identité ne change plus de manière *interne* comme auparavant, mais de manière *externe*, c'est-à-dire non voulue et maîtrisée par eux. Dans tous les lieux où le communautarisme s'est installé, ils ont cette sensation douloureuse de ne plus être vraiment chez eux, et que des Hommes qui leur sont étrangers – ne respectant plus les antiques lois de l'hospitalité qui exigeaient le respect du lieu d'accueil – sont entrés dans leur maison comme par effraction, bouleversant jusqu'à leur paysage visuel et contestant leurs propres habitudes. Le désarroi et grand. Et nul ne sait sur quoi il peut déboucher. Certainement pas le meilleur.

La clef de compréhension la plus efficace pour parvenir à régler ce problème est la distinction à effectuer maintenant entre sociétés *substantielles* et sociétés *procédurales*. De quoi s'agit-il ? À l'origine, toutes les sociétés humaines, de la plus petite communauté amazonienne à l'ensemble formé par les Han de l'immense Chine, portaient en leur sein une *substance*, c'est-à-dire ce qui faisait ce qu'elles étaient et pas autre chose : une langue, une culture, une religion, des us et coutumes, des croyances, des habitudes, une histoire, des modes de vie, des traditions, le tout sur un territoire donné. L'ensemble des membres se reconnaissant de la même substance se considérait comme formant le même peuple, dans une même civilisation et au sein d'une même patrie, avec ses paysages, ses parfums, le déroulement des saisons, l'architecture de ses maisons, l'agencement de ses champs.

Tous disposaient, d'une manière ou d'une autre, d'une histoire plus ou moins mythique les faisant remonter à la même origine. Les tribus les plus petites qui soient au monde n'échappaient pas à cette règle du récit fondateur soudant ses membres dans une genèse commune – comme chez mes amis Yuhup d'Amazonie qui pensent tous descendre des pumas et jaguars dont ils ne peuvent donc répandre le sang.

Ces peuples étaient des milliers et se vouaient à eux-mêmes, sans exception et par une autre loi de nature, un amour parfois immodéré – surtout pour la terre qui les avait vus naître et les abritait. De manière générale, ils rejetaient l'*Autre* aux frontières de la barbarie et se considéraient comme les seuls êtres humains dignes de ce nom. Leur patriotisme, protecteur de leur identité, de leur spécificité et de leur personnalité, se muait facilement en nationalisme. La xénophobie était la règle.

Les mouvements de l'Histoire ont fait s'entrechoquer tous ces peuples dans des conflits incessants depuis la constitution des premières communautés. Certains de ces peuples se sont largement mélangés entre eux, d'autres moins, certains pas du tout, jusqu'à produire de nos jours des myriades de peuples substantiels mêlés entre eux à l'intérieur des frontières des quelque deux cents pays appartenant aux actuelles Nations unies. Se sont constitués ainsi dans une infinité de pays des « groupes minoritaires » – parfois majoritaires dans un pays voisin – et des « minorités nationales » tout aussi nombreuses quand un peuple était installé de longue date sur un territoire et se trouvait brutalement intégré à un pays naissant composé de peuples plus puissants.

Dans ces mouvements telluriques de l'Histoire, quelques peuples isolés sur des îles sont restés relativement homogènes, comme en Islande ou au Japon, d'autres se sont recomposés de toutes sortes de manières, mais de façon rarement harmonieuse – l'Inde, le Brésil, les États-Unis, l'Indonésie où les violences intercommunautaires sont grandes.

Pour apaiser les relations entre ces communautés fortement identitaires, des règles du « vivre ensemble », plus ou moins justes et plus ou moins rigides, ont été instituées dans tous ces ensembles hétérogènes, avec pour objectif de pallier l'absence de construction d'une histoire commune et d'une culture partagée. Dans les faits, ces pays font cohabiter comme ils le peuvent des communautés humaines restées largement substantielles, et les cimentent vers l'extérieur davantage par le nationalisme que dans le patriotisme. Les guerres intérieures sont néanmoins nombreuses, comme aujourd'hui au Soudan du Sud, plus jeune État de la planète, retourné en quelques années aux guerres tribales d'antan avec leurs épouvantables exactions. Les guerres extérieures sont à peine moins voilées, ainsi que le Moyen-Orient en donne l'exemple où, derrière des guerres d'autres natures – de religion et d'intérêts économiques –, se perpétue l'affrontement des anciens peuples, Perses, Ottomans et Arabes – avec, au milieu, les Kurdes.

Dans d'autres parties du monde, je connais des tribus papoues ou indiennes, minuscules et isolées, elles aussi en guerre perpétuelle les unes contre les autres pour d'innombrables raisons dont le rapt de femmes et le vol de cochons ne sont pas les moindres. Sur un même fleuve de Nouvelle-Guinée, on peut changer de tribu tous les vingt kilomètres habité du sentiment déstabilisateur de passer sans cesse d'un pays à un autre, chacun disposant d'une langue et de coutumes différentes. Mieux vaut souvent ne pas être accompagné des « voisins » exécrés, si l'on tient à passer en paix d'une terre à une autre. Au Congo, les Bantous – majoritaires – portent un tel mépris aux Pygmées – minoritaires – qu'ils les appellent « la viande qui marche » en souvenir du temps où ils les dévoraient. Aujourd'hui, ils se limitent à les asservir. Je pourrais multiplier les exemples de ce genre, vécus au cours de dizaines d'expéditions dans ces terres lointaines. Le « bon sauvage » de Rousseau est un mythe à l'égal de celui des mers du Sud rapporté en Occident par Bougainville. Un doux rêve auquel on aimerait croire mais qu'il faut, hélas, invalider.

La naissance de la démocratie en Europe n'a guère fait évoluer les choses à ses commencements malgré l'invention de l'universalisme construit sur l'idée qu'il existe des choses valables en tout lieu, en tout temps et pour tous les Hommes, idée venue d'Aristote il y a vingt-cinq siècles : *Nous appelons universel ce qui est toujours et partout.* Il s'agissait d'un progrès de l'humanité en dépit du caractère abstrait et insaisissable de cette notion d'universalisme voulant en quelque sorte « rassembler l'humain par la raison humaine », grâce aux effets bénéfiques d'une transcendance réinventée. Cette idée allait toutefois se retourner contre ses inventeurs européens lorsqu'elle serait considérée par d'autres civilisations comme une nouvelle forme de l'impérialisme occidental, comme une façon détournée d'imposer leur vision du monde.

Et puis, avec le surgissement de l'individualisme associé à l'universalisme est née une autre idée : si l'on voulait régler les problèmes entre les peuples – tout en permettant à chaque individu de s'extraire de sa communauté s'il souhaitait faire d'autres choix de vie –, il était nécessaire d'ôter aux sociétés le plus de *substances* possible pour les remplacer par de simples *procédures.* Ces dernières se limiteraient à régler l'ensemble des comportements entre membres hétérogènes d'une même société par un droit égal, tout en reconnaissant cependant, mais contradictoirement, les différences des uns et des autres par certains droits particuliers aux communautés.

Cette idée de société procédurale impliquait la dissolution de pans entiers de l'identité des sociétés anciennes et de ce qui constituait leur substance – patriotisme, histoire, coutumes –, et l'acceptation d'une éventuelle et progressive suppression de l'ancienne égalité de chaque individu devant la loi. Le multiculturalisme était né, le communautarisme en découlait mécaniquement comme l'eau coule depuis le sommet des montagnes, d'autres problèmes surgissaient.

Dans le temps long de l'histoire actuelle des sociétés démocratiques, ce mécanisme procédural se substitue à toutes les anciennes cohésions culturelles au nom d'un idéal en apparence très légitime : celui de mettre tout le monde à égalité dans ses revendications d'identité, de placer en quelque sorte chacun sous un « voile d'ignorance » conceptuel, comme le proposait dans d'autres domaines John Rawls, le philosophe par excellence des « théories de la justice ».

Sur le fond, ce désir de justice procédurale n'est en rien condamnable. Il paraît même des plus logiques dans des sociétés pacifiques qui croient le rester éternellement.

Certains pays, majoritairement anglo-saxons, comme la Grande-Bretagne ou le Canada, ont fait le choix délibéré de ce type de sociétés multiculturelles. D'autres l'ont plus ou moins récusé, comme la France, refusant de devenir une république communautarisée. D'autres encore, étant devenus multiculturels par le seul fait de la création de leur État à l'époque moderne – l'Inde, l'Afrique du Sud ou l'Indonésie –, se sont adaptés avec une réussite plus ou moins grande, mais cimentant toujours leur ensemble par le nationalisme dans la crainte d'imploser – on ne compte plus en Inde, en Birmanie et dans d'autres pays mosaïques les mouvements de guérilla autonomistes et les répressions sur les minorités.

Il est cependant nécessaire de se poser des questions quand l'on sait que le Royaume-Uni, où semblaient si bien cohabiter jusqu'ici les femmes voilées, les cadres de la City et les Indiens sikhs enturbannés, tolère désormais l'existence de tribunaux islamiques informels où la charia a droit de cité avec son inégalité homme/femme, entre autres. Quelle étrange acceptation de ce qui aurait été considéré naguère comme un recul ! Il s'agit là d'un exemple particulier de la dynamique des rapports de force, lorsque certaines communautés veulent étendre leur système de valeurs. Quant aux États-Unis, peut-on croire que le multiculturalisme institué en idole a permis la disparition du racisme, de la discrimination, de la ségrégation ? C'est l'inverse qui s'est produit. Les révoltes raciales y sont monnaie courante. Proportionnellement à la France, la violence y est huit fois supérieure.

Dans ce magma qui sent de moins en moins bon, le principe de solidarité, outil essentiel pour la constitution des États-Unis d'Europe, est seul capable de reconstruire quelque chose. Mais la solidarité est peu naturelle et doit affronter un certain nombre de « lois de nature », là encore, qui s'opposent à elle dans les sociétés multiculturelles où le repli communautaire joue à plein et kidnappe la solidarité pour ses seuls membres. La liste de ces lois de nature concerne l'ensemble des peuples – européens compris – dans une égalité parfaite pour une fois. Elle est non exhaustive : instinct charnel pour un territoire, goût immémorial pour une terre à soi, besoin irrépressible de racines et d'identité, tendance des Hommes semblables par leur culture, leur ethnie ou leur religion, à se réunir autant qu'ils le peuvent pour faire communauté, exigences toujours plus grandes de ces communautés à davantage de reconnaissance de leur identité et de leurs particularités.

En la matière, la mondialisation a provoqué deux mouvements contradictoires qui ne cessent de produire des étincelles lorsqu'ils se frottent entre eux : du côté des nations occidentales, l'érosion de ces lois naturelles au sein des couches sociales aisées ; dans les autres nations, un renforcement de ces mêmes lois naturelles au sein de toutes les couches sociales. Encore un déséquilibre dangereux. Dans les démocraties occidentales, la déconstruction des notions d'identité, de patrie, de territoire, d'histoire, s'est mise en place pour entrer dans une ère procédurale. Elle n'a guère eu de prise ailleurs.

Malgré ces évidences vécues personnellement, j'ai longtemps étudié de manière positive le multiculturalisme en cherchant comment le perfectionner au sein des sociétés procédurales en cours de création. Les différentes théories s'y rapportant me semblaient séduisantes et propres à régler les problèmes que j'avais en même temps sous les yeux de manière charnelle partout dans le monde. Ce fut l'une des rares périodes de mon existence où, penché sur toutes sortes d'études théoriques dans ce temple de la philosophie qu'est la Sorbonne, j'ai voulu croire qu'il était possible d'aller contre les faits de certitude pour les transformer en quelque chose de différent. Il y avait là une tentation séduisante.

Cependant, la pâte humaine est rétive au-delà du possible. Surtout lorsqu'on l'ignore parce qu'elle risque de déranger la perfection des édifices conceptuels que l'on tente de bâtir. Je suis donc revenu de ce long voyage théorique comme il arrive à l'explorateur de s'en retourner chez lui après un périple lointain : désappointé de tant d'efforts inutiles. En matière de sociétés, le multiculturalisme n'est pas le lieu des transformations sociétales raisonnables. Ces transformations se situent ailleurs et c'est dans cet ailleurs qu'il faut patrouiller désormais pour produire un monde qui marche un peu mieux sur ses innombrables jambes.

Aujourd'hui, je n'accorde plus aucun crédit aux théories multiculturalistes sans soubassements anthropologiques sérieux. « Quand les faits donnent tort à une idée, c'est l'idée qui est fausse et il est vain de vouloir changer les faits pour donner raison à ce qui a tort. » Le vice de forme de ces théories réside dans leur indifférenciation trop prononcée des trois composantes de l'identité humaine qui « font friction » entre les Hommes et sont facteurs de violences collectives. Soit : l'ethnie, la culture, la religion. Le défaut de ces théories se situe également dans leur incapacité à comprendre correctement l'*ethos* et la *psyché* des peuples non européens, pensant systématiquement « l'autre » comme nous nous pensons nous-mêmes, et construisant ainsi des modèles inapplicables pour tous.

En résumé, ces théories considèrent les individus comme tous identiques et interchangeables, bons et généreux par nature, sans racines ni substance interne, et prêts d'office à l'universalisme.

Face au monde tel qu'il est, brutal et cruel, ces théories magnifiques n'ont pas tenu leurs promesses et ont échoué comme solution aux relations entre des Hommes vivant dans le même espace politique tout en étant séparés par des distances culturelles parfois incommensurables. Car là est le nœud gordien : des communautés humaines trop différentes dans un même espace politique. Un nœud gordien que les mouvements migratoires et la démographie resserrent sans cesse – jusqu'à l'étranglement dans le cas fréquent où le corpus de valeurs porté par des communautés sur un territoire donné est en opposition frontale avec celui d'autres communautés vivant sur ce même territoire. On le constate ici ou là, particulièrement en France, où la dynamique de certains groupes minoritaires est à l'œuvre pour imposer des systèmes de valeur nouveaux dans des lieux qui leur étaient originellement étrangers, prélude à des tentatives de « territorialisation » où ces systèmes de valeur et leurs lois deviendraient dominants. Ce qui s'apparenterait au résultat des anciennes conquêtes militaires – mais sans le fait militaire, ce qui serait inédit.

Dans ce cas extrême mieux vaut, semble-t-il, écouter la raison plutôt que l'idéologie, et décider, même avec regret, de fournir à chacun son propre espace politique libre – afin de lui permettre de vivre à sa convenance, sans obliger personne – et porter tous ses efforts sur l'établissement de rapports justes et équilibrés entre ces espaces politiques différents.

C'est parce qu'ils ont en partage une culture que les Hommes bâtissent des procédures entre eux, et non l'inverse. Que cela plaise ou non, les êtres humains ne sont pas faits de normes et de procédures, mais de chair et de tempérament.

Pour avoir vécu les violences épouvantables entre communautés, de Sarajevo à la Somalie et du Rwanda au Soudan, je sais aujourd'hui avec certitude et déception que si l'eau peut se mélanger au vin avec joie, elle s'y refuse quoi qu'il arrive avec l'huile. Si quelque chose secoue la bouteille, l'huile remonte à la surface.

Pour être complet, j'ajouterai néanmoins ceci : le multiculturalisme peut fonctionner au sein d'un même espace politique dans quatre conditions précises :

1 – Si les différences entre communautés ne sont pas trop affirmées et compatibles entre elles.

2 – Si une tyrannie contraint par la force les communautés à vivre ensemble.

3 – Si la proportion d'étrangers communautarisés reste faible par rapport au groupe majoritaire et si les ressources économiques sont suffisantes.

4 – Si tous ceux qui composent cet espace public sont des saints.

Le premier cas peut perdurer longtemps, le second dure le temps de la tyrannie, le troisième celui de la prospérité, le quatrième n'existe pas encore.

On objectera que, malgré quelques excès, les choses ne se passent pas si mal en fin de compte au Canada ou en Grande-Bretagne. C'est exact. Et ce le sera aussi longtemps que l'économie sera florissante, le poids des demandes communautaires acceptables et leur démographie raisonnable. Ensuite, ce sera une autre histoire. Les modèles multiculturalistes peuvent fonctionner au moment de leur application, mais leur nature même les fait dériver dans le temps.

Au final, ce qu'il faut tenter de résoudre dans les sociétés devenues hétérogènes – et qui ne pourront guère revenir en arrière – ou dans celles qui le sont depuis longtemps par le tracé des frontières héritées de l'Histoire, c'est à tout le moins la dimension ethnique du problème. Je veux parler ici du problème du racisme auquel il faut tenter de parer. Car, pour dire les choses crûment, le refus du pluralisme ethnoculturel dans un espace politique quelconque a toujours pour principale source le rejet racial, même s'il ne s'exprime jamais de cette manière à notre époque. Cela est valable partout dans le monde. Et ce rejet est d'autant plus fort que l'aspect ethnique est visible en surface et associé à un univers culturel « autre », porté par cette différence raciale. Ce rappel aux réalités prosaïques et triviales est nécessaire pour les penser efficacement.

Que faire alors ?

Tout d'abord constater encore quatre faits :

1 – Le racisme n'est pas la xénophobie. Le racisme est une théorie prétendant qu'il existe des races supérieures à d'autres, théorie essentiellement implantée dans les nations asiatiques et occidentales, ces dernières en ayant fait l'élaboration la plus aboutie – l'exemple hitlérien en est la manifestation parfaite. Cependant, une forme de racisme latent et non théorisé existe absolument partout. Être un Africain subsaharien en Libye est un sort peu enviable du seul fait de la couleur de peau. Et en Chine,

ces mêmes Africains sont à peine mieux considérés que les Tibétains ou les Ouïghours.

2 – Tous les peuples sont xénophobes à des degrés divers. La xénophobie est une forme d'identité fermée, mécanisme de défense universellement répandu, que seules les lois des États de droit tentent de contenir peu ou prou. Dans ce domaine, ce sont les nations occidentales qui ont produit le plus d'avancées dans leur juridiction pour lutter contre la xénophobie mais aussi le racisme. Ce n'est pas un hasard si l'immigration actuelle cherche comme fin de son errance ces États de droit, où, quoi que l'on en dise et quels que soient leurs défauts réels, on est mieux traités qu'ailleurs – et c'est notre honneur. Dans le reste du monde, notamment dans l'espace arabo-musulman et africain, les lois ne manquent pas pour exacerber le duo diabolique racisme/xénophobie afin de cantonner les membres des minorités ethnico-religieuses dans des statuts de citoyens inférieurs. Il est toujours aussi peu enviable d'être un chrétien assyrien du côté de Ninive, un Copte en Égypte, un Arménien en Turquie, ou de quelque religion que ce soit en Arabie saoudite où n'est tolérée que la construction des mosquées.

3 – Il n'y a pas de « peuples innocents » au regard de l'Histoire. Tous, à un moment ou un autre, ont été conquis et ont été conquérants. Les descendants des Incas au Pérou peuvent se plaindre à juste titre des Espagnols, mais il serait également juste qu'ils se souviennent du sort que leurs ancêtres réservaient aux tribus indiennes qu'ils asservissaient. Ce que firent les Arabes aux Berbères avant que les Français ne les remplacent est d'un ordre semblable. Je connais un seul peuple qui pourrait être considéré, éventuellement, comme totalement

innocent, les aborigènes de Tasmanie : quelques milliers d'hommes et de femmes qui, par les hasards des circonstances, se trouvaient dépourvus d'ennemis dans leur petite île. Ils furent entièrement exterminés par les Australiens à la fin du XIXe siècle. Le seul génocide parfaitement réussi de l'Histoire. J'ai une tendresse véritable pour Truganini, la dernière de ces aborigènes, morte dans le désespoir de la disparition totale de son peuple.

4 – Néanmoins, la « culpabilité » n'est pas héréditaire. Accuser les citoyens d'un peuple actuel des exactions commises par ses ancêtres est sans fondements sérieux. Ce serait comme condamner un individu pour un crime commis par l'un de ses parents, ce qui est irrecevable en droit commun – mais toujours en exercice dans le droit coutumier de certains pays. Ce serait aussi comme si j'en voulais personnellement aux Allemands d'aujourd'hui des abominations que leurs grands-parents ont infligées aux miens – et des Franceschi gravés sur le monument aux morts de mon village. Ces jeunes Allemands ne sont individuellement responsables de rien, la page est tournée, et ensemble nous pouvons bâtir quelque chose de meilleur. Refuser de tourner cette page, c'est vouloir poursuivre des guerres évitables.

En convenant de l'exactitude de ces quatre constats, il devient possible de dissoudre nombre de problèmes, à commencer par celui hautement inflammable du racisme. En France comme dans les futurs États-Unis d'Europe.

Pour y parvenir, le couple démocratie-universalisme porté par ce manifeste est le seul qui ait une chance de réussir. Ce couple reconnaît une vérité toute simple : le fait racial n'est pas porteur en soi de « valeurs » – lieu où se situent les frictions principales –, contrairement aux deux autres composantes de l'identité humaine, la culture et surtout la religion.

À partir de là, si l'on part du primat de la ressemblance sur la différence dans l'expression de ces trois composantes de l'identité humaine, il s'ensuit logiquement que l'abstraction de toute différence et la volonté de ressemblance sont possibles d'un point de vue ethnique, jouables d'un point de vue culturel, difficiles d'un point de vue religieux.

Ce résultat, après le long développement qui lui était nécessaire, permet de définir le *type* de société dont je parlais au début de ce livre pour les États-Unis d'Europe : celui d'une « société substantielle améliorée » – donc écartant le multiculturalisme et son communautarisme de fait –, mais reléguant le racisme aux oubliettes de l'Histoire par le remodelage de son contenu substantiel afin de l'adapter à ses *buts*, à son *esprit* et à son *essence*. Ce qui n'est pas la moindre des nécessités de toute façon, puisque cette Europe est déjà un contenu de peuples très divers, même s'ils découlent presque tous de la même matrice civilisationnelle.

Il faut répéter ici l'essentiel : si l'on veut résoudre en premier lieu le problème racial à la base de toute problématique ethnoculturelle, il faut dissocier, différencier, séparer les notions d'ethnie, de culture et de religion, et travailler différemment sur ces trois composantes de l'identité en profitant de ce que la couleur de peau ne porte en elle-même aucun corpus de valeurs – donc aucun potentiel d'opposition. Cette dissociation faite, la société substantielle améliorée qui sera le type de société pour les États-Unis d'Europe, peut affirmer que :

1 – L'origine ethnique d'un individu ne présente pas d'opposition à son intégration dans tout dispositif social et

politique voulu par la démocratie, quel que soit ce dispositif, et peut même devenir un facteur positif. Cela est une forme de rappel de l'enseignement stoïcien qui rattache toute dimension raciale à l'universel humain.

2 – Pour réussir pleinement cette opération, il faut inciter chacun, quelle que soit son origine ethnique, à tendre vers une homogénéité des valeurs culturelles portée par cette société afin d'éviter que la composante ethnique ne se « recharge » tôt ou tard du potentiel de valeurs à laquelle elle était originellement associée. Ce qui revient à dire que plus l'unité culturelle avec les valeurs civilisationnelles européennes sera assurée, plus la diversité ethnique pourra être étendue sans poser de problème – et inversement. Il faut accepter ici que cette homogénéité soit le prix à payer pour l'effacement du problème racial. Mais il ne contredit pas le mélange des cultures au sens artistique du terme. Il peut, au contraire, le favoriser par un sentiment de sécurité culturelle préétabli. Les exemples du « creuset antillais » ou celui du brassage méditerranéen à la grande époque grecque le démontrent.

3 – Le fait religieux, porteur du plus fort potentiel de valeurs, demeure un obstacle, au moins en puissance. Il sera contenu dans des marges précises, au sein d'une Europe où cohabiteront des religions différentes, donc aux systèmes de valeur parfois concurrents. Mais on respectera le droit à la continuité de la matrice chrétienne d'origine puisqu'elle forme l'une des racines civilisationnelles de cette construction nouvelle. On ne supprime pas l'histoire, on s'en sert. Le maintien du religieux dans l'espace privé n'en sera pas moins un impératif. Il ne devra jamais se situer dans l'espace politique ou public. S'il

prétend à quelque domination que ce soit, il pourra être interdit.

En résumé, une société substantielle améliorée est une société d'assimilation culturelle pour le meilleur. On ne construit pas une société moderne avec qui ne partage pas foncièrement un corpus humaniste ferme. Pour être plus explicite, encore ici : pas d'enclave dédiée à la charia dans ces États-Unis d'Europe. La tolérance éprouve là ses limites pour qui sait ce qu'il veut.

Tout cela donne un primat à l'Histoire et à la culture dans une identité non figée, mais évoluant par la décision de ceux-là mêmes que cela concerne. Cette identité demeure un substrat dont on ne peut divorcer sans aboutir à une perte de repères majeure et au chaos. L'héritage légué depuis l'émergence de la Grèce ancienne pourra ainsi perdurer et s'améliorer, sans se confondre avec les traditions dont on doit effectuer le tri, gardant le meilleur, éliminant ce qui gêne le progrès pour ne rien imposer à personne. Il nous faut reconnaître définitivement ce que nous devons à la société, à nos prédécesseurs, pour faire mieux qu'eux encore – et mériter d'eux.

4

Nos huit défis existentiels

Il existe une différence fondamentale entre *savoir* quelque chose et être *persuadé* de cette chose. Savoir, c'est posséder les informations sur la chose – par exemple, savoir que la planète sera menée à sa perte si nous ne remédions pas aux problèmes environnementaux que nous lui posons. En être persuadé, c'est *croire* si fortement à la validité de ce savoir, que la conviction que nous en avons nous porte à l'action.

Dans l'examen critique des huit grands défis que nous devons – déjà – relever, il nous faut dépasser leur simple connaissance pour être en premier lieu convaincu d'une chose : si nous continuons à les affronter seuls, nous Français, ce sera pour perdre. Si nous décidons d'agir au sein des futurs États-Unis d'Europe, ce sera pour vaincre. Car telle est, encore une fois, notre seule alternative, aussi pénible soit-elle pour ceux qui peinent à effectuer cette révolution intérieure que représente le bouleversement politique de l'Europe. On peut comprendre leur difficulté à révolutionner leur pensée. Elle est naturelle tant nous vivons encore dans des schémas mentaux anciens. Mais il nous faut changer de matrice intellectuelle si nous voulons continuer à vivre en liberté et dignement.

La liste de ces huit défis est précise, dont découlent tous les autres problèmes. Si ce manifeste devait avoir quelque utilité, ce serait au moins pour la délimitation précise du périmètre de ces défis afin d'interpeller le personnel politique sur ses responsabilités et lui demander ce qu'il a à répondre – et surtout ce qu'il compte faire. Car tout au plus évoque-t-il de manière périphérique et secondaire quelques-uns de ces défis, sans jamais les relier. Pourtant, la caractéristique principale de ces défis est leur interconnexion dans de nombreuses ramifications qui les renforcent les uns les autres sans qu'aucune coordination soit nécessaire entre eux, sans qu'aucun « cerveau » ait besoin de les organiser. Laisser ces défis sans solution d'ensemble, c'est renoncer par avance à tout choix de société véritable et se résigner à voir disparaître un jour ce que nous appelions autrefois la liberté et l'humanisme, les deux plus formidables inventions humaines de la civilisation européenne.

Pour être mieux entendus, donnons d'abord les intitulés de ces défis avant d'en présenter une analyse, puis de proposer les pistes de solutions que ce manifeste entend exposer après avoir passé au crible tout ce qui vient d'être dit et en constituait le préalable. Des propositions pratiques, fortes, réalisables dans le cadre des États-Unis d'Europe. De quoi reprendre goût au combat, montrer que l'espoir est possible, que rien n'est perdu.

Cette liste résume en même temps une partie de ce que nous venons de passer en revue :

1 – La domination sans cesse accrue du « tout économique » sur le politique et l'ensemble des autres activités humaines, cette domination menant à un raffinement jamais vu des nouveaux modes d'aliénation.

2 – Le surgissement accéléré de la société de surveillance généralisée et la fin de la vie privée, l'ensemble menaçant les libertés élémentaires.

3 – Le mouvement transhumaniste et tout ce qui s'y rattache comme projet de société pour une défaite programmée de l'humanisme.

4 – Le « crime globalisé », stade suprême de l'ancien crime organisé.

5 – La « guerre mondialisée » se substituant pour longtemps aux anciennes guerres mondiales.

6 – La démocratie au défi de l'islamisme.

7 – Le tabou de la démographie.

8 – La « maison nature » et ses ressources sous la menace croissante de notre faiblesse.

Pour appréhender au mieux ces défis, il est nécessaire de garder en tête ce que veut être l'État fédéral des États-Unis d'Europe et d'en rappeler l'essentiel à ce stade, ramassé en quelques lignes.

Le *type* de cet État : une « société substantielle améliorée » utilisant un socle d'homogénéité culturelle issue de l'identité civilisationnelle de l'Europe pour assurer sa cohésion d'ensemble en même temps que l'expression des identités locales, régionales et nationales.

Son *esprit* : celui hérité du siècle des Lumières et de son élan vital donnant le primat à l'humain. S'ensuit une nouvelle forme du politique utilisant les leviers de la solidarité pour doubler encore la cohésion de cette société. L'économie est au service de cet esprit et des buts recherchés.

Ses *buts* : En premier lieu, préserver la liberté de cette société par une puissance retrouvée et constamment maintenue. En second lieu, assurer la paix grâce à cette même puissance. En troisième lieu, fournir de la prospérité grâce à la réussite des deux premiers buts et concomitamment à eux.

Son *essence* : par la seule application de ses buts, de son esprit et de son type, l'essence de cette société ne peut être que la démocratie la plus large et renouvelée possible, redonnant à chacun de ses membres la maîtrise de son destin. La société se trouve véritablement gouvernée par ses citoyens, sous commandement éthique. La justice découle de tout cela.

Nommer maintenant les huit défis qui nous attendent et les conceptualiser dans toutes les boutures et arborescences qui en naissent n'est rien d'autre que dérouler rigoureusement ce que chacun d'entre nous devine : ces défis font leur chemin de manière presque invisible, mais surgiront un jour comme des tsunamis pour « fabriquer » à notre insu, et contre notre gré, la société dans laquelle nous vivrons. Ils produisent déjà des effets sur les consciences, mais pas toujours sur les décisions politiques. Ils provoquent des réactions, mais elles sont encore insuffisantes.

*Premier défi précédant tous les autres : donner poliment congé à l'*Homo œconomicus

Ici, soyons brefs, n'ayant cessé de répéter que l'erreur centrale de nos dirigeants, celle à partir de laquelle tout est faussé, consiste à toujours conditionner leurs décisions politiques aux problématiques économiques et à tout considérer sous cet unique prisme. C'est l'inverse qui est nécessaire. Qui ne le sent, qui ne le voit ? Faute morale et faute politique conjuguées.

Seuls les esprits anciens et sans imagination braquent encore leur regard sur l'unique horizon des chiffres. Ce n'est pas un pari hasardeux, mais de pure sauvegarde, que de vouloir mener bataille pour inverser ce regard afin de redonner le pouvoir à la politique, cet art de maîtriser le destin. C'est une impérieuse nécessité, le préalable à tout le reste, même au succès économique. La stabilité de ce dernier sur le temps long ne peut surgir que de ce renversement. Et sans ce renversement, aucun des défis à venir ne peut être remporté.

Le cheminement d'un certain nombre de développements démonstratifs peut étayer cette affirmation.

Voici tout d'abord un exemple caractéristique de l'efficacité de l'économie au service de la vision politique : quand le président Roosevelt décide le « New Deal » aux États-Unis pour sortir de la récession provoquée par le krach boursier de 1929, les caisses de l'État sont vides. Contre l'avis des économistes néoclassiques, il utilise sa souveraineté politique pour faire tourner la planche à billets malgré les risques qu'on lui fait valoir en tremblant. Il prend une série de mesures largement interventionnistes et volontaristes. Il se refuse à croire dans les vertus de la « main invisible », censée réguler miraculeusement des marchés parfaitement concurrentiels. Il préfère agir sur les marchés réels en les réformant de fond en comble, investissant massivement. Et ça marche. Il assurait « ne pas craindre la peur ». Le réel lui donna raison. Plus tard, Jacques Généreux dira à propos des économistes qui se refusent à croire à l'interventionnisme politique, enfermés dans le bocal idéologique qu'ils se sont fabriqué : « C'est la pensée d'un poisson rouge qui ne songe évidemment pas aux marges de manœuvre qu'il gagnerait en changeant de bocal. »

Un exemple supplémentaire dans un autre domaine. Le jour où le général de Gaulle prend la décision de doter la France de l'arme atomique dans l'objectif de préserver la paix par la dissuasion nucléaire, le budget de l'État n'a pas davantage de moyens financiers qu'il n'en avait la veille de sa décision. Qu'importe. Il faut ce qu'il faut. De Gaulle contraint l'économie du pays à se mettre au service de cette volonté politique et la dissuasion naît – sans aucune souffrance pour l'économie, bien au contraire.

Sans doute faut-il du courage, de la persévérance et surtout de l'imagination pour que le fameux « nerf de la guerre » ne soit pas un obstacle constant, tel un « argument d'autorité » qui n'est, en l'occurrence, qu'une vaste supercherie. Tout redevient possible quand le primat du politique forme le soubassement des esprits en toutes circonstances. Cette imagination devient alors ce qu'elle doit être quand elle est bien employée : très technique, pratique, chiffrée, opérative, efficace, car dirigée vers un vrai but. Ainsi orientée, elle détrône aisément l'idole économique au pied de laquelle, la nuque courbée, nous déposions auparavant, et par erreur, tous nos espoirs.

En un temps où il est difficile de savoir qui a le plus de pouvoir effectif, du patron de Google ou d'un chef d'État, il va sans dire que les représentants de l'*Homo œconomicus*, surtout de « haut niveau », sont des opposants farouches à ce qui vient d'être affirmé. Pour en avoir beaucoup fréquenté, il me semble pouvoir avancer ceci à leur sujet : toute intrusion du politique dans leurs affaires d'entrepreneurs mondialisés représente une attaque insupportable contre leur moi profond et leur liberté personnelle. L'affaiblissement de l'État leur convient, comme il convient

aux loups de voir disparaître les bergers. À quelques exceptions près, ce sont des êtres aux cerveaux remarquablement construits mais sans substance intérieure, parfaitement indifférents à tout commandement éthique. Dans leurs veines coule une eau tiède que la lave ne remplace qu'à la perspective du profit. En règle générale, ce sont des partisans convaincus des sociétés procédurales, ces dernières leur permettant d'agir à leur convenance pour accumuler ce qui leur permettra d'être « les Hommes les plus riches du cimetière ». Ils sont comme l'archer qui tire sa flèche aussi haut que possible dans un ciel absolument vide de toute cible, méprisant celle qui se trouve toute proche, à hauteur d'homme. Leur excuse ? Ils créent des richesses. C'est souvent vrai et nous leur en sommes redevables. La répartition de ces richesses l'est moins et ils en sont les principaux fautifs. Et même s'ils avaient raison, leur modèle sociétal, au fond, n'est que celui de la termitière où ils supposent les termites heureux.

Quant à l'*Homo œconomicus* « de base », celui rêvé par les tenants de la concurrence libre et non faussée, il n'existe que dans les rêves des économistes libéraux. Keynes le savait, qui parlait des « esprits animaux » pour réintroduire l'individu, ses défauts, ses doutes, ses passions, dans le savant dispositif néoclassique. La domination de l'économie sur nos vies n'est, en bout de chaîne, qu'un raffinement des modes d'aliénation d'autrefois, une nouvelle forme, plus invisible que jadis – et par là même plus asservissante encore – de l'exploitation de l'Homme par l'Homme. Afin de nous faire accepter ce raffinement qui tient du sadomasochisme, ses thuriféraires – en bons fossoyeurs de l'humanisme qu'ils sont – nous racontent complaisamment que la mondialisation est heureuse, que la croissance va sauver les citoyens, que l'argent

accumulé tout en haut de l'échelle sociale finira toujours par pleuvoir sur les plus pauvres. C'est la fameuse « théorie du ruissellement » libérale qui en a leurré plus d'un. En fait, un nouvel « opium du peuple ». Dormez, braves gens, d'autres s'enrichissent pour qu'un jour, vous aussi, soyez riches.

Mais chassez le naturel, il revient au galop – qui ne le sait ? L'argent demeure un instrument de pouvoir et les rapports de force une « loi de nature ». Lorsque ce pouvoir est mis au service de l'économie par le politique, avec le simple objectif de huiler les rouages des « marchés », il s'ensuit mécaniquement, et fatalement, une déshumanisation totale du contrat social, porte ouverte à la lutte de tous contre tous dans la compétition permanente des uns avec les autres. Bref, ce qu'il est impératif d'éviter dans la perspective du projet de société porté par ce manifeste.

Nombreux sont les économistes, et pas des moindres – beaucoup de prix Nobel parmi eux –, qui pointent du doigt ce problème fondamental – qui n'est rien d'autre qu'un problème d'*essence* de société –, condamnant, par exemple, l'Union européenne actuelle pour avoir choisi de se ligoter monétairement. L'UE pleure désormais en constatant combien ces liens l'étouffent et ne la rendent plus maîtresse d'elle-même. C'est Paul Krugman, Nobel 2008, dénonçant le « sado-monétarisme » européen, cette tendance à croire que toute croissance passe par la souffrance, la purge et la punition sacrificielle. C'est Joseph Stiglitz, Nobel 2001 et ancien économiste en chef de la Banque mondiale, expliquant que la gestion de l'euro a tué l'idée européenne. Et tant d'autres que nous ne sommes plus capables d'entendre, tétanisés que nous sommes par une métaphore radicalement fausse, qui nous fait assimiler la gestion de l'État à celle d'une entreprise.

L'euro a incarné la puissance monétaire, mais sous cet habit de lumière se dissimulait l'impuissance économique. La Banque centrale de l'UE s'est vu confier un unique but : lutter contre l'inflation. Personne ne s'est préoccupé de viser le plein-emploi, ce que les Américains ou les Anglais n'ont pas négligé, eux. Les banquiers centraux ont reçu pour mandat de ne plus obéir qu'aux procédures, jamais aux politiques. Le vieux débat doctrinal entre « règles » et discrétion a été résolu par un tour de passe-passe conduisant les politiques à abandonner volontairement leur pouvoir souverain sur la monnaie, au prétexte de se protéger de la tentation de mal faire. On a ainsi laissé les technocrates de la finance dicter à l'Union tout entière une politique monétaire qui, en fin de compte, n'a servi qu'à un seul pays, l'Allemagne.

Ces remarques d'ordre général pourraient laisser entendre que nous prônons le renoncement à l'économie ou à la croissance. Ce serait d'une inconscience manifeste. Il faut simplement reprendre la main sur cette économie par le renouvellement des mécanismes la reliant au politique. C'est le seul moyen d'assurer la solidarité en même temps qu'une prospérité suffisante. Soit l'impératif suivant : tout programme économique doit briser le tabou monétaire pour suivre ce que dicte le projet de société qui le précède. La vision comptable n'est plus notre horizon.

En la matière, les discours des théoriciens de la décroissance et de la sobriété ne se trompent pas lorsqu'ils défendent l'idée que l'être humain est autre chose qu'un animal économique. Mais l'idéal qu'ils portent n'est, hélas, pas celui de toute l'humanité. Rien dans les « lois de nature » intérieures à l'Homme ne le conduit naturellement à « décroître ». Pas la plus petite tendance ne le pousse à s'autolimiter matériellement s'il a la possibilité d'outrepasser ses limites. La dynamique générale de l'espèce conduit, bien au contraire, à la multiplication et au foisonnement – problématique que nous retrouverons dans les défis démographiques et environnementaux.

La solution se trouve dans un travail politique de contraintes intelligentes et de limites précises afin d'ajuster la croissance aux impératifs de consommation naturels, et non dans une illusoire décroissance volontaire. C'est ainsi qu'on peut le mieux tenir en laisse le consumérisme pour en finir, au moins, avec la création des besoins inutiles en régulant tous les vecteurs publicitaires, bancaires et financiers qui poussent à la surconsommation. Le bonheur premier n'est pas dans la joie de sortir d'un supermarché avec son caddie rempli à déborder. L'exemple nous en est déjà donné chaque jour par ceux qui autour de nous sont engagés dans un vrai projet de vie, qu'il soit associatif, artistique, humanitaire ou autre. Ces gens-là conditionnent le remplissage de leurs caddies à leurs projets de vie et non l'inverse, choisissant les priorités. Ils contrecarrent à leur échelle l'« air du temps », qui laisse entendre que l'on doit piloter un pays comme on gère une entreprise afin que tout le monde y gagne. Cette idée est fortement burlesque, ne serait-ce que d'un simple point de vue structurel, pour la simple et bonne raison qu'il existe au moins trois différences fondamentales entre un État et une entreprise, différences qui ne peuvent en rien se recouper. Elles sont rappelées et démontrées sans cesse aussi bien par les économistes « hétérodoxes », que par l'Office français des conjonctures économiques, l'OFCE, qui fut fondé en 1981 par… Raymond Barre – on trouverait pire comme anticapitaliste. La première de ces différences est que les États, contrairement aux entreprises, ne peuvent « faire faillite » – sauf dans des cas particuliers de disparition de l'État, comme en Somalie. Encore s'agit-il de faillites d'un ordre tout différent. Deuxièmement, les États, contrairement aux entreprises, disposent d'une durée de vie indéterminée. Et troisièmement surtout : seuls les États ont entre leurs mains le pouvoir exclusif et légitime de lever l'impôt.

Ces attributs de la souveraineté font tout. Un État peut aisément refuser – à la condition de le vouloir vraiment tout en disposant d'une puissance suffisante – de s'adresser aux marchés financiers en les suppliant, la corde au cou, d'obtenir un meilleur taux de ceci ou de cela. Ou de craindre chaque matin, avec des maux de tête, le jugement des agences privées de notation qui scrutent chacune de ses décisions avec la suffisance de l'illégitimité qu'on leur a accordée avec un peu trop d'inconscience. Un État peut décider seul et imposer les intérêts de ses citoyens. C'est lui qui donne aux marchés le droit d'exister, aux agences de notation celui de ne pas disparaître. Mais par une étrange capitulation sans conditions, il renonce à ce pouvoir extraordinaire alors que son statut régalien lui permettrait de fixer les règles du jeu dans lesquelles les marchés s'inscrivent. Voilà un pouvoir qui s'effraie de peu... C'est comme si le chauffeur d'un bus scolaire décidait par intérêt personnel d'emmener les écoliers qu'il transporte à la Foire du Trône plutôt qu'à l'école, sans que les instituteurs se trouvant à bord s'y opposent, craignant trop ce chauffeur musclé qui leur en impose.

Le manquement des politiques à l'égard de ce pouvoir de l'État, dont pourtant ils disposent vis-à-vis des marchés, constitue l'une des plus impressionnantes impostures du siècle.

Ainsi, prôner la gestion d'un État comme une entreprise – pour produire du « chiffre d'affaires » ? – n'est rien d'autre que proposer la définitive domination des marchés sur lui en supprimant les dernières résistances. S'il fallait un slogan à opposer à cet impératif aussi sot que pernicieux, ce serait de gérer plutôt l'État comme une association…

Mais, en réalité, un État ne se gère en rien de cette façon, pas même en « bon père de famille ». On le gère en visionnaire. Dans l'essence du projet des États-Unis d'Europe, la vision de cette gestion va à l'encontre du principe darwinien de l'économie classique qui passe par l'hécatombe des plus faibles, l'exploitation des moyennement faibles, et la surexploitation des forts par les très forts.

Pour conclure, il va de soi que la puissance qu'incarneraient à tout point de vue les États-Unis d'Europe n'aurait plus aucun problème, ni aucune excuse, pour s'imposer à la finance mondialisée et à ses marchés.

Deuxième défi : desserrer les mailles du filet tendu par les milliers de « small brothers » en chasse

Tout d'abord, qu'on ne se méprenne pas sur les intentions qui vont être affichées en abordant le défi se rapportant à la société de surveillance généralisée qui s'installe autour de nous et à la fin des libertés qui en découle. En l'espace de dix ans, chacun a pu prendre conscience de cette évolution et s'en inquiéter justement, cette préoccupation faisant débat partout. Qu'en dire pour notre projet futur ? À l'évidence que la science et la technique doivent continuer à être développées, mais à la condition non négociable que ce qu'elles inventent reste cantonné à ce qu'elles produisent par nature : des outils et non des valeurs. Ce qui pose problème, c'est le statut de valeur que nous accordons généralement à ces inventions, comme nous avons déjà tenté d'en faire état en pointant le divorce consommé entre progrès humain et progrès technologique. Il va donc sans dire que la science, confiante dans l'existence de vérités à rechercher sans cesse, nous a apporté des bienfaits inestimables – ne serait-ce que de vivre bien plus longtemps et en meilleure santé que nos ancêtres, et d'avoir repoussé très loin la frontière des anciennes souffrances portées par les maladies et les accidents. Aller demain sur Mars ouvrira des horizons extraordinaires à l'humanité dans ce qui deviendra la plus grande exploration de tous les temps. Mais il va aussi sans dire que, considérée comme valeur, la science a dans de nombreux domaines prêté la main à des processus ayant engendré des fléaux.

Par conséquent, la question est celle-ci : l'évolution actuelle de notre société par la science et la technologie correspond-elle au premier but recherché par le projet des États-Unis d'Europe : vivre libre ? Ou au contraire, science et techniques forgent-elles une société dont le but final sera d'assurer une sécurité constante à nos vies en les rendant les plus lisses possible ? Bref, mènent-elles à une société sans surprise et sans difficulté, sans hasard et sans nécessité, pour une existence aussi transparente qu'une vitre d'appartement où plus rien d'imprévu ne devra survenir ? Une vie où tout ce qui faisait l'humanité des rapports entre les Hommes sera remplacé par leurs relations avec des systèmes carburant aux algorithmes et des machines dopées à l'intelligence artificielle devant lesquels ils ne feront plus le poids ?

Tentons d'abord de répondre à une autre question fondamentale : quel était autrefois le rêve suprême des tyrans et dictateurs gouvernant leurs sujets ? Tout savoir sur eux afin de les soumettre totalement. Aucun n'y est jamais parvenu de manière absolue. Dans les temps anciens des despotismes orientaux et des totalitarismes occidentaux, il n'existait aucun système complet permettant de connaître la totalité de l'individualité de l'ensemble des sujets d'une satrapie ou d'une fausse république. On bricolait. On pouvait surveiller les activités politiques, les rencontres suspectes, les discours déviants, éventuellement les communications, mais on ne pouvait pas savoir grand-chose de ce qui relevait de l'intime et du privé. La répression en était d'autant plus forte et aveugle.

Cette tyrannie d'antan était exclusivement politique. L'ère sociétale qui s'ouvre est en train de l'étendre à tous les domaines de l'existence humaine sous une forme à la fois atténuée et redoutable parce que toujours exécutée en apparence pour notre bien. L'expansion sans limites des fameuses, des incontournables, des ambitieuses, et des fières « nouvelles technologies » – avec leur cortège irrépressible d'algorithmes sans cesse plus performants et d'intelligences artificielles aussi époustouflantes qu'inquiétantes – permettra bientôt de tout connaître de tous les individus existant sur terre. C'est un fait incontestable, largement reconnu par les observateurs attentifs du monde en marche et les citoyens un tant soit peu inquiets de l'érosion de la volonté de vivre libre qui est une tendance majeure des sociétés démocratiques, comme nous l'avons déjà dit. Le rêve des anciens tyrans est donc devenu techniquement possible. En même temps, cependant, il est manifeste qu'il n'a pas existé au départ un quelconque *deus ex machina* rêvant d'aboutir à ce projet prométhéen. La réalité est tout autre. Il y a eu confluence d'un nombre considérable de découvertes technoscientifiques sans liens entre elles mais couvrant l'ensemble des domaines de l'existence humaine, de la biologie aux nanotechnologies, et convergeant toutes vers un même effet général que personne n'avait imaginé au-delà des avancées de chaque domaine pris séparément. Le résultat est qu'un immense filet s'est mis en place autour de nous, tenu par mille petites mains tyranniques. C'est donc moins un quelconque *Big Brother* politique qui est à craindre aujourd'hui parce qu'il surveillerait chaque individu et saurait tout d'eux – quoique… – mais des milliers de « *small brothers* » politiques et économiques, éparpillés dans autant de pouvoirs entremêlés entre eux, épiant chacun à leur profit les moindres faits et gestes de leurs semblables. Ces rejetons de *Big Brother* sont de tous ordres, à commencer par les GAFAM. Le constat n'est pas moins effrayant. Quand existait un seul tyran, bien identifié, il était toujours possible de se révolter contre lui, de le combattre et de le renverser.

Dans les nations européennes, la prise de conscience de cette évolution est désormais effective chez ceux qui se préoccupent avant tout de leur liberté. Ceux qui s'intéressent davantage à leur sécurité n'en font pas grand cas. D'autres encore n'ont toujours pas pris conscience des enjeux. On retrouve ici la traditionnelle opposition entre liberté et sécurité qui n'est rien d'autre qu'une sorte de vase communicant : plus la sécurité est grande, moins la liberté peut l'être, et inversement. Il faut choisir. Et tant qu'à faire : le juste milieu. Nous n'y sommes plus du tout. C'est ce que les États-Unis d'Europe pourraient réussir grâce à leur puissance : retrouver cet équilibre qui s'est perdu dans le tournant de la prospérité. Aujourd'hui, on empêcherait Christophe Colomb d'appareiller : destination inconnue, retour improbable – comme aime à le rappeler Gérard Chaliand.

Les caméras de vidéosurveillance, si intrusives partout où nous déployons nos existences – et dans certains pays munies des capacités de reconnaissance faciales –, sont symptomatiques de notre acceptation collective à la transparence absolue de nos activités, d'une forme de résignation au déséquilibre actuel. L'efficacité réelle qu'apportent ces caméras en termes de sécurité des biens et des personnes est considérée comme supérieure au refus légitime d'un contrôle constant de nos vies. Avec comme argument classique de soumission : « Si je n'ai rien à me reprocher, je n'ai rien à craindre. »

Ceux qui ont compris qu'ils vivent désormais « sous algorithme », qu'une forme de conspiration contre leur être intérieur est en marche, s'inquiètent bien davantage de la réduction du périmètre des libertés que ne le font les pouvoirs démocratiques censés les protéger. Ces derniers s'en soucient assez peu de manière générale, même si la Loi de protection des données personnelles imposée par l'Union européenne a pu, un temps, laisser croire à l'inverse. Elle a été l'un des rares succès de l'UE en la matière mais elle est insuffisante. Il faut saluer ce succès et aller plus loin. Car la lame de fond d'une économie sans frein humain revient sans cesse, comme un ressac, et les politiques détournent la tête – par indifférence ou découragement. Puisque l'économie se révèle plus efficace grâce aux algorithmes et à l'intelligence artificielle, qu'elle fonctionne ainsi. Qu'importe, au fond, si cela programme déjà l'obsolescence de l'Homme – idée impensable il y a vingt ans à peine, quoi qu'en disent les promoteurs de ces innovations – et qu'importe qu'en bout de course cela déshumanise nos existences, virtualise les rapports humains et accroît « l'espionnage consenti ». Les citoyens qui perçoivent déjà cette irrésistible progression vers une société de surveillance généralisée, instaurée par des micro-pouvoirs individualisés, dispersés, dissimulés, s'alarment de l'établissement définitif de cette société carcérale ; mais ils ne peuvent faire autrement que d'y contribuer à leur corps défendant – se demandant qui pourra les défendre.

À ceux qui s'interrogent encore sur la possibilité technologique de tout savoir aujourd'hui sur quelqu'un, on peut répondre ce que les spécialistes de ces questions affirment désormais et que l'on peut lire dans toutes les revues spécialisées : sans doute pas tout, mais l'essentiel. Sommes-nous vraiment « fichés » ? En vérité, c'est mieux que cela. Nos vies sont littéralement colonisées. Sauf à résister farouchement par toutes sortes de ruses épuisantes, chacun de nous est en permanence tracé, suivi, analysé, connu, exploré de fond en comble jusqu'au plus petit niveau, celui de son génome. Nos « fiches d'identités parfaites » sont constamment tenues à jour par toutes sortes d'organismes et elles logent à l'intérieur d'immenses fichiers, dématérialisés dans le « Cloud » ou ailleurs, connus de gens que nous ne connaissons pas. Le cumul des « Big Data » n'est en aucune façon un mythe sorti de théories complotistes. Les pouvoirs privés qui se sont infiltrés dans les interstices du pouvoir politique existent, provoquant chez ceux qui en ont conscience un immense sentiment de dépossession de leur être profond. Ils savent qu'ils ne savent rien de personnes inconnues qui savent tout d'eux. Que feront-elles demain de ce pouvoir ? En ce moment même, il y a quelqu'un, quelque part, qui peut savoir, s'il le veut, tout ce que j'ai fait hier ou il y a un an par simple accumulation et recoupement des *datas* que j'ai été contraint de fournir à l'ensemble des systèmes me permettant de vivre : la musique que j'ai écoutée sur mon smartphone en me levant ; qui j'ai rencontré un peu plus tard et à quelle heure, à quel endroit et combien de temps ; dans quel restaurant j'ai déjeuné et avec qui, et quels plats j'ai commandés ; les médicaments que j'ai achetés ensuite à la pharmacie de ma rue et pourquoi ; dans quel musée je me suis rendu ; les vêtements que je me suis procurés dans tel magasin ; le livre que j'ai lu dans la soirée sur ma tablette ; dans quel pays j'ai décidé de prendre mes vacances, et ainsi de suite… On peut considérer toutes ces informations, insignifiantes en elles-mêmes, comme sans conséquences véritables. L'inverse est davantage vrai, ne serait-ce que parce que toutes ces informations sont ensuite utilisées pour anticiper mes désirs, influencer mes goûts, m'informer de manière biaisée. Un homme libre, auteur de sa propre vie, considère ces informations personnelles comme relevant de sa seule propriété. Il refuse que l'on s'empare de la moindre parcelle de son existence.

La liste de ceux qui contribuent à ce fichage immense et sans fin, permettant une surveillance sans limites, est la suivante – sans être exhaustive pour autant : banques, assurances, services sociaux et publics, entreprises diverses et variées, hôpitaux, toutes les structures qui concourent aux flux commerciaux et financiers, sans oublier les traditionnels services de police et de renseignements.

Leurs outils : l'intelligence artificielle, les satellites permettant la géolocalisation, les puces RFID, la génétique, les caméras de surveillance, et bien sûr l'informatique et les supports qui lui sont dédiés : tablettes de toutes sortes, iPad, téléphones, etc. Cependant, Internet reste l'outil central de ce vaste filet. Son utilité pour la commodité de notre quotidien est incontestable. Mais c'est aussi un puits sans fond pour nos libertés, le lieu où nous ne cessons de fournir complaisamment, et à tous vents, l'ensemble des informations nous concernant et jusqu'aux plus intimes – nos goûts, nos pensées, nos lectures, nos amis, nos voyages, nos drames et nos joies.

Tout ce qui vient d'être écrit est connu de tous et parfaitement documenté, de même que la puissance incontrôlée des GAFAM dans le domaine de la surveillance, du contrôle et de l'influence sur nos vies – mais il était nécessaire de le rappeler pour la suite. La capacité de ces GAFAM à fournir des services jamais vus en contrepartie de toutes nos données personnelles, aussitôt stockées, analysées, revendues, est infinie. Qui ignore encore la puissance démesurée de ces géants dont le but affiché est de nous servir, mais en vue d'un but final qui demeure toujours identique à lui-même : produire le profit le plus grand possible ? De surcroît, si les services pratiques que rendent ces GAFAM pour faciliter nos vies sont indubitables et extraordinaires, ils n'en renforcent pas moins « l'esprit de commodité » au détriment de « l'esprit de liberté », ce qui pousse irrésistiblement les citoyens d'antan à céder le pas aux consommateurs qui sont en eux. Le désir de facilité se déleste partout du goût de la liberté – et sans doute faudra-t-il un jour changer la définition de cette dernière si nous poursuivons sur cette route.

Quelques données brutes ici pour mesurer l'ampleur du problème. Malgré des hauts et des bas, le chiffre d'affaires cumulé de Google, Amazon, Facebook et Apple, correspond à peu de chose près au PIB de la Suède qui se trouve au 20e rang mondial. Plus important donc que le PIB de 180 pays du monde ! Leur capitalisation boursière atteint, elle, des chiffres astronomiques, jamais vus dans l'histoire de l'économie : davantage que la capitalisation de toutes les entreprises du CAC 40 français…

L'ensemble de ces facteurs programme au bout du compte et implacablement, sans que personne l'ait délibérément cherché, la fin de ce que nous appelions autrefois la vie privée. Pour les dirigeants des mondes virtuels, elle est même devenue une « anomalie » – et ils l'affirment publiquement avec une gourmandise amusée. Nos jardins secrets seront bientôt désertés, notre intimité un lointain et nostalgique souvenir que ne connaîtront même pas les nouvelles générations à qui l'on aura appris à prendre retraite dans ses « écrans » et demain dans le Métavers où, grâce à leurs avatars, ils pourront fuir la rugosité du monde réel en se réfugiant dans ces arrière-mondes factices qui leur promettent une vie meilleure conforme à leurs rêves. Relire d'urgence *De la servitude volontaire* du lucide La Boétie, l'ami de Montaigne. Tout y est déjà dit de nos tendances à la soumission. Ce pourquoi lorsque les compagnies d'assurances exigeront la présence de caméras jusque dans nos maisons pour nous rendre des services plus « pointus », il est à gager qu'une majorité l'acceptera. On peut aussi parier que la médecine prédictive se verra détournée de ses fonctions par ceux qui y auront intérêt et se débrouilleront toujours pour accéder à ce nouveau fichier de nos existences. Quel employeur engagera un individu dont il saura par avance qu'il sera affligé de tel ou tel problème de santé à tel ou tel âge ? Et quelle compagnie daignera l'assurer et à quel prix ?

Malgré les prises de conscience en cours, la règle générale reste encore la résignation, même chez les plus avertis : « Je sais tout cela, mais que faire ? » Et l'on passe à autre chose après un soupir…

À ces phénomènes principaux s'en ajoute un autre, déjà évoqué au début de ce second défi à relever : la complicité de ceux qui prônent inconsciemment la surveillance de chacun par chacun, à l'insu de chacun, sans discerner que c'est au profit ultime de ceux qui les dominent déjà. Par le biais des « réseaux sociaux », le moindre livre, restaurant, hôtel, médecin, comptable, avocat, garagiste, se voit désormais jugé en place publique, noté comme un écolier, affublé de commentaires de bateleurs de foire, soumis à la vindicte ou à l'enthousiasme populaire. Nous avons des millions de policiers à notre porte, guettant tout ce que nous faisons pour nous emprisonner dans leurs rets. Progrès de la démocratie et de la transparence ou mutation des formes du lynchage ? La surveillance des uns par les autres n'est pas un simple fait de « communication augmentée » qui permettrait à chacun de mieux s'informer. C'est une forme de contrôle social démesuré qui déchaîne les ego, attise le feu de paille des amours oiseuses et les haines les plus enracinées – débouchant sur le pire plutôt que le meilleur. Ce contrôle volontairement accepté mène à la crainte des décisions à prendre, au recul devant le risque, à la peur constante du jugement de gens que nous n'avons jamais vus, à la tentation de la tricherie, à la remise en cause permanente de ce que nous nous sentons être dans notre intimité.

Une forme nouvelle d'insécurité s'est instaurée et chemine du même pas tranquille vers l'infantilisation accélérée de nos vies dans tous les domaines. Le « attention à la marche », distillé par les haut-parleurs du métro aux passagers descendant d'une rame, est l'exemple le plus emblématique et ridicule de ce maternage incessant. On nous propose de ne plus être aux aguets dans un monde qui le nécessite plus que jamais.

Ce contrôle social est du jamais vu. Il s'additionne à un dernier phénomène pour construire toujours plus de barreaux à la prison que nous fabriquons pour nous-mêmes en toute insouciance, devenant à la fois gardes-chiourme et bagnards. Ce phénomène – qu'on nous vend pour le coup comme une « valeur » – est celui du statut de la connaissance. À en croire l'*Homo œconomicus*, les nouvelles technologies procurent un accès au savoir si inimaginable il y a vingt ans encore, que l'on peut désormais se dispenser de l'effort d'apprendre et de mémoriser. Un clic de souris et le savoir est là, prétendent-ils. Si le premier terme de l'affirmation est exact – jamais la bibliothèque du monde n'a été aussi vaste et c'est heureux –, le second terme est une tromperie et mène à toujours plus de soumission. C'est confondre information et savoir. L'information est la donnée brute du clic de souris, le savoir, la capacité par la raison et des connaissances antérieurement mémorisées et réfléchies de lier entre elles toutes les informations nécessaires sur un sujet donné afin de produire en bout de chaîne un jugement. C'est une manifestation de notre liberté. Externaliser sa mémoire revient à consentir à la perte d'autonomie qui nous fait Homme libre – un confort d'esclave, en somme –, tout en acceptant inconsciemment la dépendance vis-à-vis du monde extérieur et de ses « machines » dont on finit par ne plus pouvoir se passer. Il en découle d'innombrables conséquences : l'impossibilité de décrypter correctement le flot de désinformations circulant sur le

Net et de déceler les manipulations de toutes sortes. Sans oublier l'affaiblissement de nos capacités cognitives, surtout quand tout cela se déroule au cours de l'enfance. On ne peut se départir d'apprendre sans cesse, et rigoureusement, pour effectuer le tri entre le vrai et le faux qui nous sont désormais proposés en vrac. La vie est un long déniaisement vers la maturité et il y faut quelque effort.

Cet état des lieux des métamorphoses de la liberté établi, il faut s'interroger sur les étranges raisons qui nous poussent à accepter sans trop de peine cette société nouvelle, qui par bien des aspects va à l'encontre de la plupart des principes que nous continuons d'afficher. Comment, au moins, limiter et contrôler les excès liberticides que nous constatons chaque jour sans renoncer sottement aux innovations nécessaires ? À titre individuel, chacun peut déjà s'y employer en exerçant comme de tout temps son esprit critique – encore faut-il que la famille et l'école l'aient développé – à l'étalon du progrès humain que produit chaque invention.

Il va sans dire que les États-Unis d'Europe s'emploieront à dissoudre la société de surveillance généralisée qui s'instaure lentement, ne laissant à cette surveillance que le seul périmètre qui lui est dû. Nous verrons plus loin, et en détail, ce principe général. Constatons déjà que seule la puissance de ces EUE permettra d'imposer une loi d'airain à l'ensemble des pouvoirs cherchant à dissoudre notre vie privée, à commencer par les GAFAM malgré leur pouvoir financier faramineux.

Dans l'immédiat, réinventons un chemin vers nos libertés les plus élémentaires en résistant chaque jour par nous-mêmes et en poussant l'État actuel à se préoccuper massivement de cette problématique au lieu de la laisser filer comme un courant d'eau claire bienveillante. Nous n'avons besoin que très accessoirement d'un secrétaire d'État chargé de vendre nos jeux vidéo à l'étranger.

Troisième défi : mener bataille contre les docteurs Folamour du transhumanisme

Ce troisième défi est à coup sûr l'un des plus ignorés par le monde politique. Ce dernier ne semble prêter aucune attention aux chantres du transhumanisme dont le mouvement, s'il se poursuivait, serait pourtant comme la défaite programmée de l'humanisme. Ce monde politique reste en marge du phénomène transhumaniste au prétexte qu'il ne concerne en rien le politique. C'est, dans notre perspective, l'exact contraire.

De quoi s'agit-il exactement pour ceux qui ne s'en seraient pas encore préoccupés ? Rien de fantasmatique tout d'abord, ou de science-fictionnel comme lors de la naissance du concept d'« Homme augmenté » porté par le transhumanisme des années 1950. Les chimères de cette époque se concrétisent peu à peu grâce à l'investissement financier massif de Google et de nombreux milliardaires des technosciences. La conceptualisation de plus en plus poussée de cette idée d'un « autre Homme », meilleur en tout parce que entièrement transformé par les technosciences, avance à grands pas pour nous être vendue comme l'horizon le plus grandiose et le plus abouti de notre humanité. Les imaginaires de Jules Verne et de Herbert George Wells peuvent « aller se rhabiller ». Ils sont largement dépassés par le réel.

Le transhumanisme porte en son sein un projet de contre-société relativement cohérent et rationnel, mais d'où toute idée de démocratie est en réalité bannie sous les apparences du Bien. Aussi, contre l'« Homme augmenté », plaidera-t-on un peu plus loin pour un concept parallèle d'« Homme amélioré », correspondant au citoyen porté par le projet de société de ce livre.

Que prétend exactement le transhumanisme ? Que l'être humain actuel a atteint son stade ultime de développement et qu'il faut donc en changer grâce aux possibilités illimitées de la science et des nouvelles technologies. Tout est dit en quelques mots de cette forme de refus catégorique de la nature. Pour les tenants de ce courant « post-humain », la finitude ancienne de l'Homme, celle que connaissaient nos pères, peut – et doit être – dépassée pour produire un nouveau type d'humain, bionique même, à l'égal de nos rêves les plus démiurgiques. Nous forcerions à peine le trait si nous résumions cet Homme nouveau en disant qu'il penserait aussi bien que Hegel et Locke réunis, compterait aussi vite que la plus puissante des calculatrices, posséderait la mémoire gigantesque de tous les ordinateurs réunis, courrait avec une célérité supérieure à celle du guépard, serait immunisé contre l'ensemble des maladies et resterait en pleine jeunesse plusieurs siècles d'affilée. Superman, en quelque sorte. Les transhumanistes vont même jusqu'à proclamer qu'ils pourront un jour supprimer la mort, nous permettant ainsi de toucher à une éternité qui nous rendrait les égaux des dieux. C'est leur fantasme central.

Jusqu'ici, qui n'adhérerait au fond à de telles possibilités pour lui-même ? Du moins à ce stade. Car qui ne discerne aussi leur faille centrale ? Ce qui est entièrement exclu du projet transhumaniste, c'est l'éthique la plus basique, l'établissement de règles de relations entre les membres de cette future société de surhommes, les buts qu'ils se donneront, le statut de la sensibilité qui sera le leur, la place qui sera laissée à la solidarité.

Et les périls surgissent aussitôt. L'Homme « meilleur » qu'on nous vend ne l'est que sur ses capacités pratiques.

En attendant d'analyser les dérives possibles de cette faille éthique, notons combien les transhumanistes progressent à marche forcée vers leur projet, massivement aidés par de riches et ardents libertariens – ceux qui refusent l'État au nom de la seule liberté individuelle. À ne pas confondre avec les « libertaires ».

Deux exemples de la partie immergée de l'iceberg : la Singularity University de Google et la société Calico, autre filiale du même GAFAM, dont la devise est : « Tuer la mort ». Leurs tuteurs y investissent des sommes colossales pour marier l'intelligence artificielle et les nanotechnologies, les sciences cognitives et les biotechnologies. Ces nouveaux docteurs Folamour nous disent déjà que, à compter de 2045, ils atteindront le « point de singularité », ce moment crucial où l'intelligence artificielle dépassera l'intelligence humaine.

Par-delà l'obsolescence de l'Homme ainsi programmée, ce qui se cache derrière l'appel enthousiaste à l'« Homme augmenté » et à sa vie éternelle, ce sont de nouvelles stratégies de domination des plus forts sur les plus faibles. Une nouvelle servitude pour ces derniers. Avec à la clef des effets sociaux dévastateurs et une société de tyrannie absolue. Car peut-on croire sérieusement que des milliardaires, fort peu soucieux chaque jour du sort de leurs semblables et du destin de l'espèce humaine, investissent leur fortune pour que nous soyons demain neuf ou dix milliards d'humains augmentés sur la Terre, tous égaux entre eux ? Les voit-on, franchement, employer leur argent pour « augmenter » les déshérités qu'ils dédaignent aujourd'hui ? Qui peut croire véritablement que si, à l'avenir, un premier groupe de surhommes devient capable des mêmes prouesses que les meilleurs ordinateurs, avec à sa disposition immédiate la totalité des connaissances existantes, et ayant la vie éternelle devant lui, utilisera ce pouvoir d'hommes-dieux pour le bien de l'humanité ? Si ces apprentis sorciers parviennent au bout de leurs recherches, ils « s'augmenteront » d'abord eux-mêmes et, formant alors la micro-élite la plus puissante jamais vue dans l'histoire de l'humanité, ils arrêteront d'augmenter qui que ce soit hors de leur milieu. La domination totale de la planète par quelques dizaines de milliers de personnes sera le résultat de ce mouvement transhumaniste s'il trouve à s'accomplir : l'ère nouvelle de l'Homme jetable et kleenex. « Augmenter », ce sera d'abord « remplacer » à sa convenance. Une révolution anti-humaniste au matérialisme intégral. Notre instinct de survie, au moins, devrait nous alerter sur ce qui se prépare.

« Science sans conscience n'est que ruine de l'âme », nous avait avertis le sage Rabelais. L'affaire du transhumanisme est éminemment politique et non exclusivement sociétale, comme on voudrait nous le faire croire.

Le concept d'« Homme amélioré », évoqué précédemment, est celui de l'Homme qui écoute Rabelais. Il est le seul concept permettant de reprendre l'ascendant psychologique sur l'horizon infernal des transhumanistes – et le seul qui corresponde à l'*essence* de la société voulue par le projet des États-Unis d'Europe. Ce concept d'« Homme amélioré » est une acceptation de l'Homme augmenté, mais augmenté en éthique, en solidarité et en humanité. L'augmentation des êtres humains en capacité de calcul ou en puissance physique est secondaire vis-à-vis de cela et devrait seulement y être ajoutée ensuite, pourquoi pas bien sûr ? En attendant, ce ne sont pas des super-philosophes ou des super-citoyens que nous préparent les transhumanistes, mais des super-consommateurs et des super-policiers.

Le défi que les personnes impliquées dans le mouvement transhumaniste représente pour la démocratie est de l'ordre du combat de Titans en un temps où l'État laisse avec insouciance les valeurs « privatisées » surpasser les valeurs démocratiques et républicaines. Il faut relever ce défi sans attendre, sachant que si les États-Unis d'Europe existaient déjà, il serait aisé de terrasser les velléités non démocratiques de Google et de ses affidés en moins de quinze rounds…

Reste à aborder le sujet de l'intelligence artificielle et de ses avatars – sujet que l'on peut connecter au transhumanisme tant ce qui préside à cette IA relève de l'idéologie quasi religieuse de la Silicon Valley et de ses hérauts.

Première évidence : l'intelligence artificielle est présente dans nos vies depuis fort longtemps sans que nous le décelions au quotidien. Par exemple, en utilisant Google, que ce soit avec Gmail, Google traduction ou Google Maps, nous naviguons depuis longtemps sous IA sans nous en rendre compte. Seconde évidence : il a fallu le surgissement public de ChatGPT en 2023, c'est-à-dire de l'IA dite générative, pour que ce « robot conversationnel » à la puissance aussi fascinante qu'inquiétante nous fasse brutalement prendre conscience de ce qui pouvait nous attendre. L'intelligence artificielle rend des services dont l'utilité n'est plus à démontrer, mais elle est surtout capable de nous remplacer avantageusement dans ce que nous croyions pour toujours préservé : nos facultés créatrices et la libre disposition de notre pensée.

Il y a là une rupture anthropologique majeure dont les effets sur notre humanité, par-delà les éventuelles conséquences économiques en matière d'emploi, sont incalculables à l'heure où ces lignes sont écrites. La possibilité d'une « obsolescence de l'homme » n'est plus à prendre à la légère.

Il est trop tôt pour affirmer quoi que ce soit d'autre, mais les alertes lancées par bon nombre des initiateurs de l'IA sur ses dangers à venir doivent nous faire réfléchir. Même l'UNESCO s'y est mis, « s'inquiétant des effets de l'intelligence artificielle sur la protection de la vie privée, l'esprit critique ou la créativité des élèves », préconisant une réglementation pour son usage éducatif.

De son côté, le philosophe Éric Sadin, sur le plan « existentiel » des conséquences civilisationnelles de l'IA, voit dans ses avancées fulgurantes une menace jamais vue sur les facultés fondamentales de l'humanité de plus en plus déléguées à des machines. À son avis, une logique du zéro effort intellectuel est appelée à se généraliser chez les Hommes puisqu'il n'y aura plus besoin de faire appel à une mobilisation de nos esprits pour créer ou apprendre. Et il ajoute : « Notre intérêt pour les œuvres, pour le génie de l'altérité, est voué à s'amoindrir. Voit-on la catastrophe culturelle qui pointe ?... Il serait temps d'honorer le vivant qui est en nous, duquel le reste découle. Faute de quoi, nous assisterons à une humanité toujours plus absente à elle-même. »

En matière d'IA, il faut bien distinguer ici les deux volets qui la concernent : d'une part, celui concernant l'accélération des découvertes scientifiques, l'amélioration des soins de santé où le renforcement de ce qui touche à la sécurité – toutes choses favorables –, et d'autre part, celui qui télescope de plein fouet nos facultés cognitives, remettant en cause ce que nous sommes. Le premier volet, en apparence positif, n'est pas dénué de périls. Ce que l'intelligence artificielle va permettre en matière d'innovations militaires et de machines à tuer n'a pas d'exemple dans l'histoire des Hommes. On ne peut, déjà, que s'en alarmer, comme de ce que nous allons devenir avec la progression fulgurante de l'IA générative. L'inquiétude est si grande en la matière, qu'un peu partout montent des voix pour exiger une régulation par la loi de toutes ces innovations. Et cela à l'échelle mondiale pour être efficace. En deux mots, il s'agit de répondre à la question : que voulons-nous devenir exactement ?

Achevons ce bref panorama par l'analyse qu'en fait Mustafa Suleyman, cofondateur de DeepMind. Pour lui, tout ce qui touche à l'IA va résoudre une multitude de défis et enrichir le monde, mais elle le déstabilisera aussi. Le « problème de l'endiguement », autrement dit la possibilité de garder les technologies dangereuses sous le contrôle de l'humanité, sera le dilemme central de notre époque. On ne peut que l'approuver.

Quatrième défi : faire face à la mutation du crime organisé en crime globalisé

Chacun sait ce qu'est le « crime organisé », échelle supérieure du crime individuel ou en simple bande. Peu ont analysé sa mutation en crime globalisé du fait de la mondialisation, et plus rares encore sont ceux qui ont étudié les connexions de ce nouvel aspect protéiforme du crime avec les autres défis présents dans ce texte – de l'environnement aux problèmes migratoires – et son impact dévastateur sur la démocratie à travers les déstructurations économiques qu'il provoque, menant à la fragilisation des États faibles ou déjà faillis.

Par un étrange effet prémonitoire, cette mutation traverse nombre de films de cinéma, mais nulle part les consciences du personnel politique actuel à en juger par leurs programmes d'action. Pourtant, le passage du crime organisé au crime globalisé produit déjà une force de frappe excédant celle de maints États et concerne donc hautement le politique au-delà des polices dépendant de lui. C'est un enjeu majeur. Ce crime globalisé n'est cependant pas sous la coupe d'une seule organisation, ni même de plusieurs. Il fonctionne plutôt en « cousinages » transfrontaliers d'intérêts, ce qui le rend vulnérable à une riposte politique si celle-ci est déterminée et s'en donne les moyens pratiques, c'est-à-dire des moyens eux-mêmes globalisés.

Que s'est-il passé tandis que nous nous focalisions sur les formes anciennes du crime pour le combattre ? Une chose assez simple, somme toute : partout où le crime organisé était implanté de longue date, il s'est simplement adapté au monde en marche pour en tirer des profits démultipliés. Les mafias italiennes ou russes, les Yakuzas japonais, les triades chinoises, les gangs sud-américains, toutes les organisations de ce genre ont diversifié leurs activités comme de banales multinationales, étendant leurs filets un peu partout, et ce jusqu'aux « zones grises » de la planète où règnent la guerre, l'insécurité, la misère – ou tout cela à la fois. L'expansion accélérée des transports et des nouvelles technologies leur ont permis de dépasser le niveau antérieur des stratégies de survie face à des polices locales, pour œuvrer à un niveau mondial et parvenir souvent au stade de l'occupation territoriale – comme en Somalie, par exemple –, en s'alliant à des pouvoirs politiques régionaux et en gangrenant l'ensemble d'un pays. Avec toujours un temps d'avance sur la police et dix parades de plus que les politiques. Les brèches par lesquelles le crime globalisé peut s'engouffrer sont nombreuses.

Ces multinationales du crime rencontrent les mêmes problèmes que leurs homologues de l'économie, s'allient ou se combattent entre elles, mais leur puissance a atteint un niveau suffisant pour leur permettre d'investir dans des activités auxquelles elles ne pouvaient accéder autrefois. Quelques exemples de ces activités qui s'entremêlent à nos autres défis : Internet, au revers de sa médaille positive, est le lieu d'une cybercriminalité en expansion continue comme on le constate depuis quelques années, et le fichage systématisé de nos sociétés de surveillance représente une aubaine pour les entreprises criminelles. Lorsqu'elles trouvent les bons alliés, elles peuvent accéder aux milliards de données disponibles pour siphonner des comptes, opérer des transferts de fonds, blanchir l'argent, investir dans l'immobilier ou des entreprises « propres », se rendre maîtres d'informations permettant l'influence politique, manipuler des lobbies ou en créer, etc. De leur côté, les défenseurs de l'environnement se retrouvent désormais confrontés à des réseaux internationaux, par exemple lorsqu'ils veulent empêcher le trafic d'animaux rares ou protéger les éléphants et les rhinocéros de leurs prédateurs effectifs – se trouvant aujourd'hui à des milliers de kilomètres des zones où ils opèrent. Terminée, l'époque des bandes locales qui bricolaient, on travaille maintenant à grande échelle. Même chose pour la contrefaçon. Quand elle concernait principalement les objets de luxe, les malfaiteurs se contentaient de marchés régionaux et seules les marques visées en pâtissaient. On est passés de nos jours à la contrefaçon d'à peu près tout ce qui existe : médicaments, pièces détachées de voitures, d'avions, jouets, cosmétiques, etc., ce qui pose des problèmes considérables en termes de santé publique et de sécurité des personnes, surtout en Afrique. Les faux médicaments comme les faux pare-brise circulent désormais partout. Le trafic illégal des armes s'en donne lui aussi à cœur joie dans cette globalisation, tout comme la prostitution internationale, la traite des êtres humains, les jeux de hasard et les réseaux de passeurs clandestins.

Le crime globalisé entre aussi par la porte économique pour mieux s'asseoir dans le fauteuil politique. Lorsque le trafic de drogue, dont personne ne parvient véritablement à limiter l'expansion, devient central dans un pays, que l'économie de ce dernier finit par en dépendre majoritairement, la corruption déversée par des profits colossaux atteint sans peine les plus hautes strates de la société, gangrène tout de l'intérieur, provoque la désagrégation morale des dirigeants jusqu'à réduire à néant l'État de droit. Elle pulvérise la société. C'est à peu de chose près ce qui s'est longtemps passé en Afghanistan. Ailleurs, l'argent dénaturé, par son emploi supérieur à l'argent sain, déstabilise des pays auparavant souverains – comme la Guinée, État failli parmi d'autres. En ce sens, la corruption est bien l'appropriation du pouvoir politique par des intérêts privés et scélérats. Il ne s'agit plus d'un banal problème de criminalité.

Une prise de conscience générale est nécessaire. Car nous continuons à considérer ces phénomènes comme de simples avatars de la criminalité classique, refusant de démêler les fils qui les relient au monde de la finance, aux pouvoirs politiques, à l'économie en général, à tout ce qui donne pouvoir sur nos vies quotidiennes. Ces menaces à long terme concernent déjà nos démocraties européennes, comme l'ont montré les documents issus des WikiLeaks il y a quelques années ou les dernières affaires de corruption au plus haut sommet de l'UE. En vérité, aucun État, même parmi les plus développés, n'est à l'abri. Il s'agit d'un défi existentiel car nous pourrions finir par vivre dans une société en apparence libre, en paix et prospère, mais sans plus aucune démocratie réelle et plus aucune justice effective.

Les moyens actuels avec lesquels nous luttons contre ce crime globalisé sont dépassés. Même Interpol manque de tout ce qu'il lui faudrait pour faire face à l'ampleur de la menace.

En la matière, il est prévu pour les États-Unis d'Europe, dotés d'une police fédérale, de créer une institution spéciale exclusivement dévolue au problème du crime globalisé. Une institution disposant de tous les instruments nécessaires et d'un véritable bras armé – agence internationale de renseignements et services spéciaux compris –, intervenant partout où il le faut sous le contrôle strict du pouvoir politique et de ses juges, cela va de soi. Nos services de renseignements actuels ne se préoccupent de ces sujets qu'à la marge et dans la mesure où ils sont connectés aux problématiques militaires ou politiques dont ils ont la charge, ce qui est insuffisant. Il nous faut sortir du traitement fragmentaire de cette menace et attaquer globalement le problème qui est par définition transfrontalier. Comme pour la « guerre mondialisée » – que nous allons examiner dans le cinquième défi –, il nous faut comprendre que notre ancienne « bulle de sécurité » s'est crevée telle une bulle de savon et que tout ce qui se déroule ailleurs dans le monde revient nous impacter directement – depuis les malheureux réfugiés défilant sous nos fenêtres, jusqu'aux « fous de Dieu » frappant nos femmes et nos enfants dans les rues de nos villes. Nous sommes revenus depuis peu au « droit commun de l'Histoire ».

Cinquième défi : combattre dans la guerre mondialisée

En la matière, une chose est avérée : en dépit du retour de la guerre de haute intensité en Europe avec l'agression de l'Ukraine par la Russie, nous avons probablement moins à craindre le retour de la « guerre mondiale » que le surgissement progressif de la « guerre mondialisée ». La guerre mondiale était claire dans ses adversaires, nette dans sa géographie, brève dans le temps et immensément meurtrière. La guerre mondialisée est obscure dans ses objectifs et ses initiateurs, éparpillée dans tous les espaces géographiques, très longue dans le temps et provoque moins de pertes humaines. C'est un changement de nature en même temps que d'échelle, une mutation d'envergure à laquelle il nous faut faire face, nous préparer et nous adapter. Il y a là comme un rappel tragique de l'Histoire : la violence collective fait partie de la destinée humaine. C'est un fait, que cela nous plaise intellectuellement ou pas, que cela dérange notre idéologie ou non. Et c'est un autre fait que maintenir la paix est une tâche hasardeuse et incertaine, nécessitant lucidité, détermination et puissance. « La guerre est mère de toute chose », écrivait Héraclite il y a vingt-cinq siècles dans son immense clairvoyance. Et six siècles plus tard, Sénèque ajoutait : « Jamais un général ne se fie à la paix au point de ne pas préparer la guerre. » Ces deux-là savaient de quoi ils parlaient…

Une nouvelle guerre mondiale du type des deux premières est moins à craindre que l'extension actuelle d'une multiplicité de guerres régionales et parfois de haute intensité, comme aujourd'hui en Ukraine et peut-être demain à Taïwan. Sans oublier ce qui s'est passé au cours de l'année 2023 en Arménie et en Israël. Il suffit de regarder les cartes pour mesurer l'avancée de ces guerres, protéiformes, d'intensités variées, aux adversaires entremêlés et changeants, aux alliances incertaines et sans cesse renversées, utilisant toutes sortes de méthodes parmi les plus abominables, et progressant partout depuis trente ans. Pour une guerre qui semble se clore, deux autres naissent plus ou moins sourdement. Et nombre de celles qui ont cessé n'attendent que de renaître dans des haines recuites entre peuples qui ne rechignent pas à s'étriper, du Liban aux Balkans et du Caucase à la Méditerranée. En faire une liste complète serait inutile. Les « zones grises » de la planète – ces zones où un individu normalement constitué ne peut plus se rendre sans risque – ne cessent de s'étendre comme de nouvelles *terrae incognitae* où tout se télescope dans la violence : guerres ethniques, trafic d'armes, de drogue, d'êtres humains, banditisme et terrorisme. En 1978, j'ai suivi le Nil, seul et à pied, de sa source à la mer pendant huit mois. Impensable pour quiconque de l'entreprendre aujourd'hui.

La guerre mondialisée s'exporte dans les méandres de la globalisation et contamine peu à peu les pays qui s'en croyaient le mieux protégés. Les « guerres à l'ancienne » délaissées des médias n'ont pas pour autant disparu, ajoutant un morne éclat d'antiquité à ce tableau peu réjouissant. On se bat toujours dans l'Arunachal Pradesh indien, au Manipur, au Nagaland, en Ouganda ou en Arménie. Là aussi, la liste est longue – et je m'arrête là.

Depuis vingt ans, nous sommes souvent intervenus hors de nos frontières, répondant à l'appel de pays lointains ou sur décision des Nations unies, la plupart du temps pour séparer des belligérants qui s'entre-déchiraient allègrement, de la Bosnie au Kosovo et du Mali à la Somalie. Nous avons fait de belles choses, ici ou là, commis d'immenses erreurs ailleurs – l'Afghanistan et l'Irak étant les plus terribles exemples de dislocation d'États sous responsabilité complète des Américains. Inutile d'épiloguer sur ces échecs, désormais largement admis et cause, parmi d'autres raisons, du divorce qui s'est instauré entre les peuples du monde arabo-musulman et ceux de l'Occident.

Pour avoir été partie prenante d'un certain nombre d'opérations « militaro-humanitaires » en Afrique ou ailleurs, il me semble évident aujourd'hui que nous n'avions aucune vision de la mondialisation de la guerre, aucun plan d'ensemble, aucune réelle compréhension de l'*ethos* et de la *psyché* des peuples qui étaient concernés par nos interventions, rien qui nous permettait d'inscrire nos actions dans le temps long et d'agir comme il aurait fallu pour les effets recherchés. Nous nous contentions de « réagir » à des situations imprévues, pris entre l'étau de l'indifférence, le devoir de secourir – le fameux « droit d'ingérence » – et la crainte de nous enliser. Tout cela, nous l'avons fait plus ou moins bien et au coup par coup, sans discerner par avance le coup suivant. C'était mieux que rien, mais nous aurions dû parfois nous abstenir – ce que nous, Français, avons fort bien fait en Irak en 2003.

Quelle conclusion en tirer pour l'avenir, hormis la proposition d'une défense aussi forte que possible dans la future armée des États-Unis d'Europe ? Sans doute continuer à intervenir hors de nos frontières quand nécessaire, mais avec davantage de discernement, animés du souci de n'augmenter en rien le chaos par la prolongation de nos actions et de notre présence à l'étranger – du statut de libérateur on passe vite à celui d'occupant – et dans une vision du temps long, ce qui nécessite de bâtir une politique générale de défense extérieure, absente jusqu'à présent, et de poser politiquement, et par avance, « l'état final » auquel on veut aboutir par l'emploi de la force. Ensuite, il nous faut renforcer notre « esprit de défense » et adapter techniquement et mentalement nos armées à cette guerre mondialisée aux formes multiples. Enfin, garder en tête qu'un réarmement général s'opère partout dans le monde non européen. Il s'agit d'une autre menace potentielle car ce réarmement est effectué par des pays qui sont tout ce que l'on veut sauf démocratiques au sens où nous l'entendons. Les programmes de financements militaires de la Chine ou de l'Inde, en premier lieu, sont à cet égard significatifs. Ces grands pays se préparent à devenir les super puissances militaires que les avancées de leurs économies et leur taille démographique justifient à leurs yeux. Dans quels buts ? La prudence doit prévaloir au regard de l'histoire passée et de la dynamique des peuples.

À cet égard, notre politique doit être simple : nous réarmer nous-mêmes – après le long processus qui nous a vus, partout en Europe, réduire nos dépenses militaires jusqu'à l'inconscience, jusqu'à nous mettre à nu – afin de rééquilibrer le phénomène et de dissuader toute menace contre nous. Se réarmer non pour agresser mais pour défendre la paix dont nous disposons encore. L'un de nos grands philosophes, Cicéron, disait : « Le seul motif pour entreprendre une guerre, c'est le désir de vivre en paix sans injustice. » Tel doit être notre but. Il n'y a pas de Cité qui tienne dans le temps sans défenseurs.

Afin d'atteindre cet objectif, la France doit, dans l'immédiat, porter son budget de défense à 3 % au moins du PIB et, dans un souci de précaution bien compris, conserver son potentiel nucléaire, nul ne sachant ce que réserve véritablement l'avenir. L'intelligence stratégique commande de ne rien négliger de notre éventail de défense. Nous reviendrons sur tout cela dans la dernière partie de ce manifeste concernant la création de l'armée des États-Unis d'Europe.

Sixième défi : la démocratie au défi de l'islamisme

Nous abordons ici un problème incandescent mais inévitable. Un problème très personnel aussi pour moi. Et charnel : longtemps j'ai combattu avec des musulmans, pour des musulmans, et je les ai aidés dans leurs luttes à l'étranger. J'ai porté un nom musulman dans certaines guerres, j'ai eu des frères musulmans avec lesquels j'ai tout partagé, le pire comme le meilleur, et j'ai perdu nombre de ces frères d'armes. J'ai beaucoup vu, entendu, ressenti, vécu, tout au long de mon parcours de vie, depuis mon premier mariage au Soudan il y a quarante ans jusqu'à ce que je tente de faire pour les Kurdes aujourd'hui. Ce long parcours intime me laisse aujourd'hui, hélas, un goût d'amertume qui se partage entre la nostalgie de ce qui a été et aurait pu advenir, et la déception de ce qui ne pouvait sans doute pas devenir autrement qu'il n'est devenu – cette confrontation entre Islam et Occident.

Quoi qu'il en soit, en matière d'islam et de démocratie, thème de ce sixième défi, on ne peut pas me raconter n'importe quoi. C'est une prétention que j'ai parce que j'en ai payé le coût élevé. Tout ce que je vais dire, je l'ai acquitté au prix du dur « savoir de la chair », et je renvoie à leurs discours d'apparat ceux qui parlent seulement du haut de leur chaire sans rien savoir du monde réel et de sa tragédie.

De mon point de vue, il ne fait donc plus de doute, malheureusement, qu'une forme contemporaine de l'islam, minoritaire mais se propageant rapidement, porte le rêve d'un monde qui doit se guérir de ses supposées turpitudes au travers de l'exercice d'une religion la plus rigoriste qui soit. Et ce n'est pas un mince paradoxe que de voir les thuriféraires de cet islam tenir sur nos sociétés occidentales un discours qui, par certains aspects, rejoint celui que je déroule depuis le début de ce manifeste – mais en proposant des solutions radicalement opposées, cela va sans dire.

Ces gens qu'on appelle du terme générique d'*islamistes* – je conserverai ce terme par commodité, même au risque de simplifier – sont divisés en différents courants, souvent ennemis, mais se sont tous lancés dans une conquête générale – à tout point de vue irréaliste, sauf à leurs yeux – pour parvenir au but final d'un monde qui leur appartiendrait et serait entièrement soumis à l'islam. Les musulmans ne partageant pas leur point de vue sont leurs premières victimes, tout comme les « juifs et les croisés », sans cesse nommés, ou les malheureux Yézidis d'Irak. C'est ici que prend place la forme de souffrance intérieure qui m'habite maintenant après avoir perdu nombre de mes amis musulmans tués par ces islamistes, ou en avoir vu tant d'autres contraints de se réfugier chez nous. Je fais de mon mieux pour maîtriser ma colère, ma révolte et ma détestation de ces pourvoyeurs de cadavres pour grands « cimetières sous la lune ».

Cette volonté de conquête générale s'apparente chez les islamistes à ce que firent en leur temps les nations chrétiennes – quoique sous d'autres formes. Mais cette époque est largement révolue. En la matière, on ne peut pas opposer sérieusement une « victimisation » supplémentaire de la masse des musulmans d'aujourd'hui, au prétexte d'un passé non connu personnellement par ces derniers, sauf à vouloir produire de la guerre incessante en considérant toute culpabilité comme héréditaire, ce que j'ai condamné plus haut.

Les faits démontrent surtout autre chose : ceux auxquels s'en prennent les islamistes ne sont pas attaqués *pour ce qu'ils auraient fait ou ont fait, mais pour ce qu'ils sont* : des non-musulmans, des renégats, des infidèles, des étrangers. Il faut insister sur ce point et le répéter, tant il est essentiel. Ce qui attise la haine contre nous relève de l'ontologique – comme on dit en philosophie : nous sommes détestés avant toute chose pour notre être et notre présence au monde, pour ce que nous sommes et représentons : des nations refusant le diktat d'un Dieu quelconque pour décider de leur destin, des nations qui érigent leurs propres lois en refusant celles dictées par un quelconque livre sacré. Le cas des Kurdes, des chrétiens d'Orient ou encore des Yézidis le prouve aisément dans ce réacteur nucléaire qu'est devenu le Moyen-Orient. Ils ont été les premiers à subir l'assaut des islamistes, non pour les avoir attaqués, mais par le seul fait d'avoir refusé l'imposition de leurs lois. Cependant, comme on l'a déjà vu, se poser en victime pour justifier une agression est une posture vieille comme le monde, les exemples abondent dans l'Histoire, et les islamistes en usent et abusent pour affirmer qu'ils ne font que se défendre contre nos attaques. Mais l'examen chronologique de ces dernières montre que c'est un peu plus compliqué que cela depuis le 11 Septembre 2001. La victimisation est aussi, partout où elle se déploie, le meilleur argument pour le recrutement de toujours plus de sympathisants chez lesquels on porte jusqu'à l'incandescence les frustrations accumulées et, surtout, le *sentiment d'humiliation*, source principale de bien des guerres et des révolutions.

Cette victimisation généralisée est largement exagérée, sans quoi des millions de musulmans ne se trouveraient pas à nos portes, attendant d'être accueillis par nous et forçant même nos frontières. Ils se seraient massivement mis en marche vers les riches États du Golfe – d'autant que ces derniers n'ont pas aux yeux de ces réfugiés de responsabilités dans ce qui leur arrive, contrairement aux Occidentaux.

Pour revenir aux islamistes, ce qu'ils visent à travers nous, c'est en tout premier lieu la démocratie, cette forme honnie de société où les Hommes s'entendent entre eux pour convenir de leurs règles de vie communes. Aux yeux des islamistes, il n'y a de lois que venant de Dieu. Le point focal du problème se situe dans cette conception de l'existence profondément archaïque à nos yeux, dans cette déclaration de guerre existentielle qu'ils font à la démocratie, cette insulte à Dieu dans la vision qui est la leur. En une formule ramassée, je dirai que cela revient au combat de *la charia contre le code civil*. Nier cette évidence proclamée par les islamistes eux-mêmes, c'est s'interdire d'office toute compréhension de ce qui se passe et de ce qui nous arrive.

La démocratie… Je me souviens de cette inscription faite par un jihadiste sur le mur d'un village délivré de Daech par les Kurdes à l'été 2016. Il m'avait frappé par sa profession de foi : *Nous refusons la démocratie des mécréants et leur laïcité maligne. Nous voulons vivre sous la gouvernance d'Allah.*

Tout était dit en quelques mots.

Pour clarifier les choses sans entrer dans trop de détails : deux courants principaux s'opposent chez les islamistes sunnites poussés en avant par leur délire de conquête – je laisserai ici de côté les chiites qui ne présentent pas une caractéristique aussi internationaliste. Ces deux courants sunnites aux stratégies opposées partagent néanmoins le même objectif final.

Le premier est divisé en plusieurs tendances, mais dominé par celle des Frères musulmans, mouvement né en Égypte il y a un siècle. Globalement, les fréristes prônent une islamisation par la conviction, chose relativement aisée en terre d'islam où ils progressent vite depuis une quinzaine d'années, comme on le constate en Turquie où la république laïque de Kemal Atatürk ne sera bientôt plus qu'un lointain souvenir. Dans les sociétés occidentales, le travail des « Frères » passe par le levier naturel des communautés musulmanes présentes sur leurs sols, à partir desquelles les choses doivent se propager en taches d'huile. Dans tous les cas, ces « Frères » jugent la violence contre-productive. L'infinité du temps est leur arme, tout comme la masse démographique. D'où leur activisme pour l'accueil le plus large possible d'immigrés sans souci humanitaire particulier.

L'autre courant, divisé en de multiples branches lui aussi, est celui des jihadistes proprement dit. Leur volonté d'islamisation passe par la force la plus brutale et le temps le plus court possible. Ils mènent donc une lutte armée dans les pays musulmans et partout où ils le peuvent à l'étranger. Le terrorisme aveugle est leur méthode principale de combat. Ils ont vite progressé eux aussi mais connaissent une telle opposition au Moyen-Orient, en Libye ou au Yémen, avec l'intervention de « coalitions » disparates mais efficaces, que d'un point de vue territorial ils connaissent une régression momentanée. En Occident, ils mènent une stratégie de rupture violente entre les communautés musulmanes et le reste de la société dans l'objectif de prendre le pouvoir par le chaos. Leur souhait, mille fois proclamé, est de voir surgir chez nous la guerre civile qu'ils connaissent chez eux. Le choc des civilisations, eux le souhaitent ardemment.

Si ces deux courants partagent le même but ultime, ils se contestent l'un l'autre, le premier craignant que la stratégie du second ne se retourne contre eux deux, au moins tant que les musulmans demeureront trop minoritaires en Europe.

Mon résumé a été volontairement simplifié, mais il est juste dans ses grandes lignes. Il dit l'essentiel du défi. En la matière, on aurait quelque intérêt à se pencher attentivement sur les textes de ces ennemis qui nous ont déclaré la guerre, tandis que nous abandonnions bien souvent entre leurs mains nos amis musulmans qui ne voulaient pas d'eux : le journal *Dabiq* de l'État islamique, le manuel des jihadistes titré *L'Administration de la sauvagerie*, publié en 2007 par un certain Abou Bakr Naji, les guides du viol élaborés par les autorités de Daech, etc. Tous disent clairement que l'islam doit être répandu au fil de l'épée, par la politique du cimeterre, autorisant toutes les barbaries. On peut aussi écouter avec profit les télévisions du monde arabe pour tout comprendre et notamment ce qu'est la *taqiya*, cet art du double langage autorisé par le Coran en terre infidèle – Tarik Ramadan en étant l'exemple le plus abouti.

Comme le *Mein Kampf* de Hitler, les programmes écrits par les islamistes le sont pour être appliqués. Qu'ils puissent atteindre leur but est une autre affaire. À ce propos, l'appellation d'« islamofachisme », dont on les affuble parfois, me semble discutable intellectuellement mais vraie sur un point : la matrice qui fonde la pensée islamiste la classe dans les formes que peuvent prendre les totalitarismes absolus, s'appropriant les esprits et les corps jusque dans les moindres détails du comportement.

L'exigence exprimée par des musulmans de ce genre pour imposer chez nous des coutumes qui nous sont parfaitement étrangères – comme le port du voile pour les femmes – n'est qu'un biais pour enfoncer un coin dans cette horreur sociétale que représente à leurs yeux l'égalité des hommes et des femmes. Tout le travail politique et démocratique que nous devons effectuer est de comprendre clairement cette attaque, d'en voir toutes les stratégies – utilisant sans cesse nos propres valeurs et nos lois d'ouverture pour les retourner contre nous avec une habileté consommée –, de les dénoncer sans détour et de protéger les musulmans de France contre nos agresseurs communs, afin de leur permettre de poursuivre la pratique de leur religion en accord avec la démocratie et la laïcité, ainsi qu'ils le faisaient avant la naissance de l'islamisme récent. Chacun sait bien que nombre de ces musulmans subissent depuis longtemps la pression des extrémistes pour modifier leurs comportements, apprendre la détestation de ce qui ne leur ressemble pas et se couper des autres Français. Ils sont les premiers que la démocratie doit défendre. J'ai trop d'amis afghans, kurdes ou autres qui se trouvent dans cette situation pour les laisser seuls. Par égard pour eux comme pour nous-mêmes, nous ne devons pas hésiter à adopter une forme de « devoir d'intolérance » contre l'intolérance. Il existe un versant de la tolérance qui n'est qu'un abandon de la démocratie et des valeurs qu'elle incarne.

Nous avons à faire face aujourd'hui à l'importation et à l'implantation chez nous de ces deux tendances de l'islam conquérant que nous avons négligé de combattre dès leur apparition. Nous ne savons plus maintenant où débutent et où s'arrêtent les « accommodements raisonnables », craignant toujours de mettre des mots sur les choses – et sans cesse apeurés par la menace du bâton de l'islamophobie, imprécation commode de ceux qui sont sans arguments pour repousser la moindre critique les concernant.

Mais comment tout cela a-t-il commencé avant de basculer dans les boucheries du Moyen-Orient, l'horreur des attentats et la pression sociétale ? Deux moments clefs sont à retenir : tout d'abord le premier choc pétrolier en 1973. D'un seul coup, les pays du Golfe se voient pourvus d'une extraordinaire manne financière. Arabie saoudite en tête, État théocratique s'il en est, ils vont utiliser cette manne, fournie par nous-mêmes, pour entreprendre une réislamisation à grande échelle des pays musulmans, notamment par le truchement d'organisations socio-religieuses. Aucun pays n'y échappera, du Sénégal à l'Afghanistan. Des milliers de mosquées vont pousser partout, peuplées par les imams rigoristes du wahhabisme. Des oppositions/alliances vont se nouer et se dénouer avec les Frères musulmans. Les premières victimes en seront les courants soufis, les premiers bénéficiaires les salafistes. Eux vont revendiquer bien davantage que le suivi intégral du Coran prôné par les wahhabites : le retour à l'islam fantasmé des origines et à son califat. Ce prosélytisme se répandra jusque dans les îles perdues du Vanuatu à la surprise inquiète de mes amis de là-bas, grands mangeurs de cochons comme on l'est partout en Mélanésie... Les mosquées de France connaîtront, naturellement, le même phénomène, proportionnel à la population musulmane. Partout on y incitera à refuser l'assimilation ou l'intégration, dans une critique sans fin des fondements de la démocratie et de ses usages. Nous laisserons faire les agissements des Saoudiens et des Qataris, leurrés par le miroitement de contrats faramineux, toujours promis, rarement honorés – l'économie, toujours...

Après 1973, autre date charnière : 1979. La révolution islamique de Khomeini – soutenue par l'extrême gauche française, souvenons-nous-en – sonne le réveil des chiites en Iran. La guerre ancestrale sunnites/chiites, qui n'avait jamais vraiment cessé depuis près de quinze siècles, s'en trouve ravivée. Au même moment, l'Union soviétique envahit l'Afghanistan, relançant chez les musulmans l'idée que les « mécréants » veulent détruire l'islam.

Toutes les mèches sont dès lors allumées.

Personnellement, c'est à partir de là que j'ai vécu la disparition progressive et implacable, en Afghanistan d'abord, ailleurs ensuite, de tout ce qui était l'islam de ma jeunesse.

Pourquoi celui-ci a-t-il échoué à vaincre ses ennemis intérieurs ? À titre personnel, je n'y vois qu'une raison : le totalitarisme, s'autorisant tout, gagne toujours – au moins au départ – contre ceux qui s'interdisent beaucoup. Le passé est peuplé d'histoires de ce genre.

Nous avons donc désormais un problème avec ce que l'islam a enfanté de plus terrible dans ses flancs. On le retrouve jusque sur les pancartes de manifestants à

Londres : *Europe is the cancer, islam is the cure* – « l'Europe est le cancer, l'islam le médicament ». Tout n'est-il pas dit dans cette proclamation haineuse ? La démocratie est bien la « mère » bienveillante de tous les discours, même ceux dirigés contre elle.

S'il y a finalement peu de jihadistes affirmés chez nous, leurs sympathisants ne cessent de croître et les convertis se multiplient. Cet ensemble hétérogène somme la République de s'adapter à ses mœurs et à ses lois, contrairement à l'antique coutume de l'hospitalité qui exigeait l'inverse. Inutile de donner des exemples ici, chacun les connaît. L'objectif des islamistes est de faire entrer dans les têtes occidentales la séparation entre le *halal* et le *haram*, le pur et l'impur, entre ce qui doit être et ce qui ne le doit pas. Ce n'est rien d'autre qu'une tentative de révolution des mœurs et de la politique au service d'une religion. L'islam des Lumières incarné par des figures comme Malek Chebel, Kamel Daoud ou Boualem Sansal est devenu ultra-minoritaire dans le cercle des intellectuels musulmans.

Cette situation prévaut dans toute l'Europe sans que nous osions utiliser l'ensemble des armes législatives dont nous disposons pour nous prémunir contre ces assauts. Nous lui préférons souvent une étrange et masochiste sensibilité pour les « revenants » – encore la victimisation – qui clament haut et fort leur haine de la société dans laquelle ils sont nés. Nous préférons l'écoute complaisante des « penseurs aveugles » placés dans le déni et choisissant de parler d'une « islamisation de la radicalité » plutôt que du « radicalisme islamiste » – vaste imposture encore. Nous portons à peine crédit à tous ces Afghans, Kurdes ou Maghrébins qui ne cessent de nous mettre en garde et d'appeler au secours, craignant autant pour nous que pour eux-mêmes, comme Farid Abdelkrim ou Hamid Zanaz. Eux savent que le voile ou le burkini sont bien plus que de simples revendications communautaristes : des actes politiques testant notre résistance et nos croyances.

Tout cela forme notre « Munich » moderne face à un nouveau totalitarisme – jusqu'à ce que nous renoncions à « Mourir pour Dantzig » ou choisissions le combat. Toutefois, nous avons encore entre les mains toutes les armes de la démocratie pour nous défendre. Manquent la fermeté, le courage et les convictions. Les musulmans de France, ceux « d'avant », ceux qui refusent la politisation de l'islam, applaudiraient, si nous en faisions preuve.

En ce qui me concerne, j'ai choisi mon camp, celui de l'humanisme combattant, aux côtés des Kurdes de Syrie qui tentent une sécularisation de leur islam pour le détourner de la politique et le faire entrer dans la démocratie. La voie de la modernité et du progressisme.

Mais l'objectif de ce livre n'étant évidemment pas de traiter de l'islam, il faut s'arrêter ici. Nous avons suffisamment exposé en quoi consiste le défi que l'islamisme pose à la démocratie, cœur matriciel du projet des futurs États-Unis d'Europe qui, eux, pourraient retourner la situation avec la « force tranquille » d'un armement législatif adapté au plus juste.

Septième défi : lever le tabou de la démographie

Un constat simple pour commencer : nous étions un milliard d'êtres humains sur la planète au début du XXe siècle, nous serons dix milliards bientôt – quoi que prétendent quelques démographes qui limitent leur regard à la seule baisse de la natalité dans certains pays.

On aura beau dire, ni les guerres ni les maladies ne stoppent l'expansion de l'espèce humaine. Elle résiste à tout, s'adapte sans cesse et, d'une certaine manière, c'est heureux. Néanmoins, la question intéressante est : peut-on faire avec dix personnes ce que l'on fait avec une seule ? Il ne s'agit pas là de l'image habituelle des parts de gâteau qui se réduisent selon le nombre de personnes se le partageant, mais d'une autre idée : le gâteau suffit largement s'il n'y a jamais qu'un seul convive.

De manière générale, notre planète est sans doute capable d'absorber, de répartir et de nourrir quelques milliards d'êtres humains supplémentaires à l'orée du prochain siècle, si nous prenons toute une série de mesures et consentons à beaucoup de sacrifices. Il y a de la place sur Terre. Lorsque j'ai effectué le premier tour du monde en ULM, de 1984 à 1987, j'ai été frappé par l'immensité de nos espaces vides – et pas seulement ceux inhabitables d'office comme les déserts. Mais de 2004 à 2007, lorsque j'ai refait un tour du monde, cette fois à bord du trois-mâts *La Boudeuse*, les experts calculaient déjà que les ressources de la planète ne suffiraient bientôt plus au regard de l'augmentation de la population et de son consumérisme non maîtrisé – et j'ai été impressionné par la pollution des mers aux abords de presque toutes les côtes. Nous salissons littéralement notre maison commune et cela ira s'accroissant, si nous ne prenons pas *aussi* des mesures concernant notre nombre. J'aimerais croire le contraire, mais les faits me donneraient tort.

Construisons ici une expérience de pensée toute simple. Que se passerait-il dans le monde en ce moment même si, par un hasard miraculeux, nous étions restés le milliard d'Hommes que nous étions en 1900 ? L'évidence est manifeste pour qui veut bien voir et dire ce qu'il voit : tout serait beaucoup plus simple dans l'ensemble des domaines où nous connaissons des problèmes, à commencer par la dégradation de l'environnement. On peut opposer à cette évidence les arguments classiques qui considèrent qu'avec huit ou dix milliards d'Hommes le monde dispose de davantage de génies ou d'innovateurs, que la démographie est un facteur de croissance économique et le vieillissement de la population un problème conséquent. C'est laisser de côté qu'on se retrouve aussi, et proportionnellement, avec tout autant de criminels, que les problèmes environnementaux sont liés à cette croissance et que le vieillissement trouve plus facilement de réponse que la surnatalité. La logique de ces arguments pousserait à souhaiter toujours plus d'habitants sur la planète…

Ainsi, l'une des sources de nos difficultés d'aujourd'hui – et de tous les défis qui nous attendent demain – est celle du nombre d'habitants se partageant l'espace limité de la planète. Il est étonnant que la seule évocation de cette idée agisse comme un repoussoir chez beaucoup de nos intellectuels. On se demande pourquoi. Autant reprocher à l'humanité d'avoir été peu nombreuse au début du XXe siècle.

Qu'il s'agisse des problèmes d'alimentation pour les plus démunis de la planète – source de honte collective –, de la pollution généralisée qui touche tout le monde – génératrice d'angoisse –, de l'accès à l'eau potable – première source de mortalité sur Terre –, des vastes mouvements migratoires – appelés à augmenter sans cesse –, ou des guerres territoriales, bien des choses sont liées au nombre. Un milliard d'êtres humains n'auraient pas besoin de se battre autant pour l'accès aux ressources naturelles et ne les épuiseraient pas en un temps aussi impressionnant qu'inquiétant. Nous ne nous bousculerions pas non plus autant dans la « cage des méridiens ». Toutes les pressions s'amenuiseraient.

On peut contester ce point de vue, mais celui-ci procède d'une logique mathématique qui n'est pas sérieusement attaquable. Pourtant, cette logique est rarement exprimée publiquement parce que nous sommes victimes d'un étrange tabou, celui de la démographie. Non pas son calcul ou son évolution, tous les experts sont penchés dessus, mais les conséquences à en tirer pour un éventuel contrôle de cette démographie. Pas une conférence internationale ne l'aborde de front, quel que soit le problème qu'elle se propose de résoudre : guerre, environnement, famine ou développement. Pas le moindre « sommet » entre nations développées n'y fait allusion. Il est absent des G20 et autres grandes messes de ce genre, on ne l'entend nulle part dans les vastes réunions des Nations unies.

La démographie est bien un tabou que personne n'ose lever. Il demeure extrêmement sensible, mais il devient impératif de faire sauter ce verrou, avec prudence et doigté naturellement, car on aura bien compris qu'il ne s'agit pas d'espérer davantage de guerres ou de génocides pour régler le problème… Il s'agit, au contraire, d'éviter la propagation de ces guerres et génocides pour cause de surpopulation. Disons-le sans détour : tenter une régulation des naissances à l'échelle mondiale est l'une des clefs de résolution de la plupart de nos problèmes. Ce tabou de la démographie doit être brisé dans les têtes afin d'imaginer des solutions novatrices. Dans bien des domaines de la politique, comme dans la vie elle-même, on fait avec ce que l'on a et non avec ce que l'on voudrait avoir.

Si les États-Unis d'Europe venaient à voir le jour, l'un de leurs premiers signaux vis-à-vis du monde extérieur serait de créer une instance particulière de haut niveau, chargée de proposer à tous les autres pays l'ouverture d'un cycle de négociation pour lever le tabou de la démographie et chercher une solution commune dans l'objectif de freiner pacifiquement l'expansion, trop risquée désormais, de l'espèce humaine. Les trois questions qu'elle poserait à tous les autres États – et qu'elle exposerait publiquement – seraient celles-ci :

1 – Peut-on s'entendre tous ensemble, et avec lucidité, sur une politique commune de régulation des naissances dont les règles seraient suffisamment imaginatives, pacifiques et démocratiques, pour ne nuire à personne et favoriser tout le monde ?

2 – La fin de la contrainte démographique ne diminuerait-elle pas de manière mécanique tous nos autres problèmes ?

3 – Décidée d'un commun accord, cette régulation des naissances ne serait-elle pas plus favorable à chacun que l'infinité des contraintes que nous serons obligés de mettre en place pour tous si nous voulons résoudre l'infinité des problèmes découlant de la surpopulation ?

L'objectif d'une réduction de l'indice mondial de fécondité, qui varie aujourd'hui de 1 à 5, accompagné de mesures d'incitations, ne serait-il pas une piste de solution ? Mais d'autres peuvent être discutées.

Quoi qu'il en soit, ces questions doivent être posées dès maintenant, dépassant le paradoxe que représente la réalité d'une démographie dynamique pour se développer. Si l'autolimitation relevait de l'accord politique, elle pourrait remplacer avantageusement cette dynamique. L'Afrique serait la première bénéficiaire de cet accord, avec son milliard d'Hommes attendus d'ici le prochain siècle, alors que ressources et croissances ne seront manifestement pas au rendez-vous pour absorber cet accroissement de population. Avec les conséquences désastreuses que cela impliquera.

N'agissons pas comme autrefois les habitants de ce microcosme emblématique qu'est l'île de Pâques. Par méconnaissance de leur démographie et de leur environnement, ils y ont épuisé les ressources naturelles à leur disposition jusqu'à disparaître presque entièrement.

Huitième défi : sauver la planète

Ce manifeste se limitant à exposer les grandes lignes d'un projet de société et non le programme politique qui en découlerait avec ses milliers de détails techniques, nous nous sommes efforcés jusqu'à présent de mettre l'accent sur ce que l'on entend le moins dans les débats politiques actuels. La question de la défense de l'environnement et de la préservation de nos ressources naturelles étant le seul des huit défis qui s'exprime partout – et pour lequel les États agissent déjà, certes cahin-caha, mais en tout cas agissent –, nous ne nous attarderons pas sur lui. Naturellement, cela ne sous-entend en rien que nous lui accordons moins d'importance, bien au contraire.

Signalons d'abord une question de temporalité qui se veut neutre en termes de jugement de valeur : concernant les menaces qui pèsent sur nous, ce huitième défi se profile à un horizon plus lointain que ceux de la démographie ou de la société de surveillance généralisée. Il est à peu près du même ordre temporel que celui du transhumanisme.

Ce défi de la sauvegarde de la planète est également interconnecté avec les autres défis, mais de manière plus dramatique : les flux migratoires sont augmentés par le dérèglement climatique, la déforestation ou le trafic de l'ivoire le sont par le crime globalisé, la désertification provoque des guerres régionales pour l'accès à la nourriture, la raréfaction de l'eau dans certaines régions menace de produire les mêmes effets, etc. Quant au primat de l'économique sur le politique, il joue dans le même sens, empêchant souvent de prendre les mesures nécessaires par inconscience du temps long et souci de la seule immédiateté. Il n'existe même pas d'organisation mondiale de l'environnement, contrairement au commerce ou à la santé, tant on craint que le souci de l'environnement ne contrecarre les puissances économiques privées. Le niveau de puissance pour « exister » n'est pas atteint par cette question environnementale. Ce qui se passe avec les COP ou les traités sur l'Antarctique sont de véritables progrès, mais insuffisants là aussi en puissance. Comprendre cela, c'est réaffirmer qu'il nous faut relever ces huit défis *en même temps* pour résoudre nos difficultés. C'est ce mouvement d'ensemble qui sera difficile à mettre en marche. Il nous manque la locomotive pour tirer les wagons des défis qui composent un seul et même train. Si les États-Unis d'Europe existaient, ils seraient cette locomotive. Ils deviendraient, par essence, LE pays de la défense de l'environnement.

Dans l'immédiat, deux décisions, au moins, seraient nécessaires en France. D'abord, encourager davantage les actions citoyennes, même s'il ne faut pas se faire trop d'illusions sur leur impact global. Elles sont néanmoins nécessaires, à la fois pour ce qu'elles sont, et pour raviver la conscience de l'environnement au sein du personnel politique. De manière générale, cette conscience est insuffisante, et faibles sont les convictions de ce personnel en la matière. Quant à la finance verte et au « verdissement de l'économie », ce ne sont souvent, malgré des effets positifs, qu'une façon d'avancer masquées pour nombre d'entreprises à qui suffit cet alibi. Les phénomènes de fraudes massives sur les marchés de quotas carbone en ont été à une époque une preuve parmi d'autres.

La seconde décision serait la création définitive, et non volatile, d'un grand « ministère de la Mer » regroupant toutes les activités concernant celle-ci. La pêche, le transport, la plaisance, le commerce, etc., sont dispersés dans différents ministères, empêchant une politique générale de la mer, alors que ses enjeux sont considérables à tous points de vue. Ce qui a été fait jusqu'à présent – un ministère de la Mer a existé, réduit aujourd'hui à un secrétariat d'État – est largement insuffisant. La France, bien que seconde puissance mondiale en termes d'espaces maritimes sous sa souveraineté, est toujours incapable de faire de cet atout ce qu'il mériterait d'être. Ce n'est pas le lieu ici d'entrer dans les raisons de cette faiblesse provenant de notre incapacité à comprendre que « la mer est notre avenir », mais au moins est-ce l'occasion de pointer cette faiblesse, de dénoncer les discours creux des politiques quand ils parlent magnifiquement de la mer en l'oubliant aussitôt après, et d'engager le chef de l'État à créer sans délai ce grand ministère de la Mer, prélude à celui des États-Unis d'Europe, première puissance maritime globale.

5

Pour les États-Unis d'Europe

Naissance et construction

Suivant la logique de ce qui a été affirmé dès le début de ce manifeste à propos de la différence entre « projet de société » et « programme politique », cette cinquième et dernière partie correspond au programme politique découlant du projet de société constitué par les États-Unis d'Europe.

Ce « programme » sera cependant bref pour une raison simple : on n'entre pas dans la longue, vaste, et périlleuse construction d'un tel projet avec la prétention de tout détailler soi-même, alors qu'il faudra tenir compte de l'avis des quelque cinquante pays à qui il pourra être proposé, et des conseils des milliers de spécialistes qui voudront bien se pencher sur la question. La tâche est immense et il faut se montrer véritablement humbles pour tenter de l'accomplir, c'est-à-dire ouverts à toutes les propositions pour ne rien écarter par avance et ne rebuter personne. Il nous faut rester accessibles à l'ensemble des suggestions que l'« idéalisme réaliste » qui sous-tend les États-Unis d'Europe pourrait faire naître chez les défricheurs d'idées. Aussi faut-il se limiter à tracer des pistes.

Ces dernières seront néanmoins précises, résultat des « fondations » posées jusqu'ici pour préparer le terrain.

Pas question de retomber dans le bric-à-brac qu'est devenue l'Union européenne ou de déboucher sur un pot-au-feu politico-culturel menant en bout de course à la dislocation.

Élevons donc maintenant les murs de cette construction. Si après lecture on conclut que ces murs sont issus d'un mariage entre le progressisme des choses nouvelles à inventer et le conservatisme des choses anciennes à préserver, on aura raison. Pas d'idéologie en la matière. Il existe des choses fondamentales en tout temps et en tous lieux, d'autres qui ne le sont pas. C'est leur tri qui est difficile. Et tout être humain est composé de ces deux versants. Ce qui compte, c'est leur proportion.

Brièveté tactique aussi dans ce chapitre pour parer aux attaques des adversaires de la construction des États-Unis d'Europe qui la taxeront avant tout d'utopie – c'est facile – et sont plus à même de s'engouffrer dans les détails que dans les concepts. Nous ne leur donnerons pas cette occasion, sachant par expérience que le premier obstacle aux entreprises d'un Homme, ce sont les autres Hommes et non pas le réel en tant que tel.

Les plus indulgents de ces adversaires, comme les plus sceptiques, diront pour le moins que le rêve des EUE, s'il est formidable en soi, est cependant inatteignable et infaisable en pratique. C'est la vieille antienne de ceux qui ne se sont jamais proposés de tenter quelque chose de grand. Ils discernent en un clin d'œil les innombrables difficultés qui les attendent et s'en découragent aussitôt, comme ces vieux chevaux de course qui refusent l'obstacle, fatigués à l'idée même de fournir trop d'efforts – et ne se souvenant même plus qu'une ligne d'arrivée existe. Il faut leur répondre que, dans les moments graves de l'Histoire, tout peut redevenir possible avec un peu d'audace : faut-il rappeler que Churchill, au moment de la débâcle de 1940, avait proposé à la France de créer en urgence un seul État avec l'Angleterre afin de bâtir une puissance suffisante face à l'Allemagne nazie ? Il n'en eut pas le temps, mais du moins avait-il compris qu'en certaines circonstances la nécessité impose de briser les vieilles désunions.

Les États-Unis d'Europe sont un projet pour la jeunesse. Non seulement celle de la biologie, mais celle de la force d'âme qui ne craint rien ni personne. Toute invention, toute création, toute innovation passe par une prise de risque et cette construction européenne ne dérogera pas à la règle. Mais les risques se calculent et les périls se maîtrisent. Il suffit de procéder par étapes prudentes, avec discernement, tout en donnant à cette grande aventure une échéance temporelle pour ne pas la voir s'enliser en route : ce temps symbolique est celui de la durée d'une vie humaine – tel qu'annoncé au début de ce livre.

Entrons maintenant dans sa rude partie technique.

Ces étapes indispensables qui peuvent assurer le succès

D'abord, le processus de conviction

Il faut, à l'évidence, un premier pays pour initier la construction des États-Unis d'Europe. La France, bien sûr, puisque je suis français. Toutefois, avant d'imaginer que l'un de nos Hommes d'État puisse s'emparer du projet pour entrer dans l'Histoire, il faut que les Français le poussent à l'entreprendre – c'est ainsi que les choses se passent – et en soient donc eux-mêmes majoritairement convaincus. C'est donc à eux qu'incombe l'initiative de départ. De toute façon, il serait vain de croire aux

États-Unis d'Europe si le peuple n'en veut pas – et il n'y aurait rien de moins démocratique que de l'y contraindre. Ainsi, l'objet de ce manifeste n'a d'autre but que de porter cette vaste idée devant les Français pour qu'ils la jugent individuellement et se prononcent ensuite collectivement. Mais comment provoquer cette invitation publique ? C'est le premier défi à relever.

Dans leur versant positif, les moyens technologiques actuels – d'Internet aux réseaux sociaux – ayant donné à la « voix populaire » des possibilités d'expression inconcevables autrefois, ce sont ces moyens qu'il faut employer. Peut-on imaginer de parvenir à convaincre un maximum de Français d'envoyer à l'Élysée un courriel demandant au président de la République de mettre en place un référendum national posant la seule question qui vaille en ces temps difficiles où le peuple doit enfin pouvoir décider de son destin : « Français, voulez-vous, ou non, engager notre pays dans le mouvement de construction des États-Unis d'Europe en remplacement de l'actuelle Union européenne ? »

En l'état actuel des choses, c'est un vœu pieux, naturellement – aisément concevable, difficilement réalisable. Cependant, l'idée centrale est l'organisation de ce référendum, par un moyen ou un autre – voire à l'initiative même du Président. Si ce référendum advenait un jour, la possibilité du sursaut surgirait enfin. Dans le cas où la réponse des Français serait majoritairement défavorable, la partie serait perdue – et pour un long moment. Dans le cas contraire, le processus pourrait être lancé.

Le processus de lancement

Plaçons-nous dans la situation où le référendum serait gagné. Il faut aussitôt répondre avec précision à la question de « l'après ». Ce que nous allons développer maintenant montrera point par point que tout est possible si on le pense par avance.

Première étape, la création en France d'un « ministère des États-Unis d'Europe » dont le titulaire serait protocolairement numéro deux du gouvernement et disposerait de l'administration, des moyens, et des pouvoirs correspondant à ce niveau protocolaire. Ce titulaire doit être un homme ou une femme politique expérimenté, déterminé et convaincu, reconnu par la société civile et ses concitoyens pour sa probité et sa compétence. En dépit de la « faillite des élites », persuadons-nous qu'il se trouve encore, ici ou là, des personnalités réunissant les qualités nécessaires – des qualités qu'ils n'ont jamais pu exprimer à l'intérieur des structures politiques actuelles. À eux de se manifester si tout ce qui a précédé et tout ce qui va suivre les convainquent de s'engager dans le combat.

Seconde étape, affronter la plus grande des difficultés : convaincre d'autres pays de notre horizon fédéral commun. Ce ministre pourra à coup sûr compter sur l'effet de sidération provoqué dans toute l'Europe par l'annonce de la création de son ministère. Cette création ne suscitera certainement qu'un intérêt poli chez les chefs d'État des autres pays, mais sûrement des actions citoyennes chez eux.

Le ministre des États-Unis d'Europe porterait donc le projet voulu par les Français devant l'ensemble de ces chefs d'État, depuis « l'Atlantique jusqu'à l'Oural », pour leur demander de l'étudier. La reprise ici de la terminologie gaullienne signifie que la Russie est incluse dans ce mouvement, même s'il est évident que la guerre déclenchée par Poutine, son chef actuel, contre l'Ukraine retardera pour longtemps sa participation au projet. Dans le meilleur des cas, elle sera chronologiquement la dernière à pouvoir et vouloir s'y associer.

La volonté de ce ministre serait de convaincre dans une première étape – quel que soit le temps que cela demandera – un minimum de deux pays et un maximum de cinq, de s'associer à l'entreprise française. Ces pays devront être si possible frontaliers de la France pour des raisons purement pratiques pour la suite. Il s'agit de commencer petit mais ambitieux, et de finir grands et modestes. Ce processus de conviction transnational prendra sans doute des années et sa mise en action probablement autant. Mais si ce ministre parvenait à franchir cette étape, la France et ces autres pays engageraient en parallèle de leur fédéralisation leur sortie de l'Union européenne. Ce qui veut dire que, pendant une longue période, l'Europe se trouvera composée de deux entités, l'une en déshérence – l'Union européenne –, l'autre en montée de puissance – les États-Unis d'Europe –, sans parler des pays n'appartenant ni à l'une ni à l'autre de ces entités. Rien n'indique qu'il s'agisse là d'une situation impossible à gérer si la préparation de sortie de l'UE est soigneusement étudiée, exécutée, et que le personnel dévolu à l'UE bascule progressivement vers les EUE pour ne léser personne et structurer en même temps la nouvelle organisation. Le chaos, promis lors du Brexit par tous les éditorialistes eurolâtres annonçant l'apocalypse et la fin de l'économie européenne, n'a pas eu lieu. Quant aux aspects économiques qui servent si souvent à bâillonner l'espoir en promettant la ruine à tous ceux qui osent penser autrement, ils sont – quoi qu'en disent les Thénardier du libéralisme – parfaitement maîtrisables. Les économistes imaginatifs et prudents, déjà attelés à penser des alternatives à un euro dysfonctionnel, ne manquent pas, du collectif des « Économistes atterrés » – des idéalistes réalistes dans leur domaine – à Jacques Généreux ou Frédéric Lordon.

Au cours du processus de négociation entre les premiers pays fondant historiquement les États-Unis d'Europe, un certain nombre de principes doivent être établis pour rendre la fusion possible et féconde : le *principe de négociation contraint* et le *principe de négociation ouvert.*

Le premier principe indique que, sur les problèmes centraux à résoudre pour bâtir une fédération réelle – de la langue commune à adopter au type de fédéralisme à constituer –, l'on ne négocie que sur la forme et non sur le fond. Ce *principe de négociation contraint* trace les lignes rouges des impératifs fondateurs. Par exemple : celui d'une langue, d'une capitale et d'une monnaie identiques. On ne discute que sur leur choix, pas sur leur nécessité. Sans ce principe et ces lignes rouges – au demeurant peu nombreuses –, nous verserions dans le fossé qu'a connu la construction de l'UE, fossé qui nous a conduits de compromis en compromis au ventre mou du faux consensus perpétuel.

Le second principe signifie, en revanche, que, pour tout ce qui concerne les problèmes dépendant de la volonté des différents peuples – comme la nature exacte de l'élargissement à donner à la démocratie –, la négociation est entièrement ouverte, sur le fond comme sur la forme. Toutes les idées sont susceptibles de se confronter.

Ces deux principes ont pour fonction d'allier précision et souplesse en évitant tout aussi bien l'autoritarisme que les formulations vagues.

Dans le processus de construction du « noyau dur » des États-Unis d'Europe permettant d'agréger ensuite – et un à un – de nouveaux pays, bourgeons du fédéralisme, trois autres principes doivent être établis et maintenus tout du long : ceux de *subsidiarité réelle*, de *réciprocité constante* et de *partage par moitié*.

Le *principe de subsidiarité réel* indique que, pour compenser la nécessité d'un État à la verticalité puissante, une horizontalité forte doit demeurer aux niveaux politiques les plus petits, dans un équilibre soigneux entre dirigeants fédéraux et locaux, dont nous verrons l'ajustement plus loin.

Le *principe de réciprocité constante* signifie bien ce qu'il veut dire : tout doit être réciproque dans les faits et non dans les intentions. Un « principe de réciprocité » existe déjà, notamment en diplomatie, mais si le terme de « constante » lui est associé ici, c'est bien pour lui donner une valeur véritable. Les exemples abondent d'une « réciprocité » à géométrie variable selon les seuls rapports de force.

Le *principe de partage par moitié* est le plus novateur. Il indique l'égalité absolue, et non relative, de toutes les relations qui s'instaureront entre les États entrant dans la fédération et les actions communes qu'ils mettront en œuvre. Il affirme que chaque État membre apporte à la fédération la moitié de… tout ce qu'il a. Un exemple ici ? Pour la création de l'armée des États-Unis d'Europe, chaque pays « fédéralisera » l'exacte moitié de ses forces armées et de son budget de défense au moment précis de cette création. L'autre moitié restera à sa disposition sous forme de garde nationale. L'armée européenne en tant que « tout » devient ainsi automatiquement supérieure aux « parties » qui la composent – et supérieure à terme à toute armée existant dans le monde. Dans cet exemple, le *principe de partage par moitié* est une règle simple permettant d'éviter d'innombrables chicanes et négociations picrocholines. On l'applique d'office. C'est un pari révolutionnaire, d'une certaine manière, mais il est le seul qui permettrait de ne pas retomber dans les errements de l'Union européenne dont la politique de défense et de sécurité est aujourd'hui réduite à la portion congrue, étroitement tenue par des intérêts nationaux divergents, et incapable de se financer elle-même.

Sans ce *principe de partage par moitié*, pas de fédéralisation réelle possible, pas d'armée fédérale, pas de fonctionnaires fédéraux, pas de services publics fédéraux. Ce *principe de partage par moitié* éviterait les interminables négociations basées sur le principe de proportionnalité qui généralement fait consensus sur le fond, mais mène à des chamailleries de cour d'école : proportionnalité au nombre d'habitants ? au PIB ? à autre chose ? L'ensemble débouche au mieux sur des inégalités et du ressentiment. La fédéralisation selon le *principe de partage par moitié* appelle une péréquation volontaire, c'est-à-dire le transfert de charges des pays les plus riches vers les plus pauvres. Injuste processus ? C'est pourtant ce qui se passe à l'intérieur de la France d'une région à l'autre et est habituellement admis par souci de solidarité et d'unité entre membres d'une même communauté. C'est ce qui doit être conçu, accepté et voulu pour les EUE en termes de prix à payer au départ. Cela correspond à la vision des effets bénéfiques à long terme, si ce n'est sur le temps court, de la solidarité comme base de la construction fédérale et de son maintien. Ce prix est lourd uniquement pour ceux qui refusent l'effort de voir loin. Il faut en accepter l'aspect sacrificiel pour obtenir plus tard ce qui ne peut être obtenu sans cela : une puissance commune au bénéfice de tous. Il y a plus à gagner qu'à perdre en termes de temps long. Faute de cela, chaque État, dans son égoïsme naturel, finira en musée à ciel ouvert dont les pilotis pourriront lentement sous l'eau.

Par-delà la puissance commune recherchée, les cinq principes qui viennent d'être établis le sont pour la quête permanente de l'équilibre le plus parfait possible dans les relations entre chaque État et à l'intérieur de chaque État – celui de la juste mesure dont Aristote avait bien vu l'impérieuse nécessité dans la vie de la cité comme dans celle de l'individu lui-même.

Pour esquisser maintenant les grandes lignes de ce que pourraient être les États-Unis d'Europe, ce à quoi ils pourraient ressembler – au moins dans leur premier noyau dur –, nous allons répartir l'ensemble de l'édifice structurel à adopter dans deux parties liées entre elles : « Le fédéralisme et sa démocratie », suivi de « La solidarité et son économie par le primat du politique ».

Le fédéralisme et sa démocratie

Quel type de fédéralisme pour les États-Unis d'Europe ?

En la matière, il faut continuer à se montrer prudents. Trop innover serait prendre le risque d'un échec possible. Aussi, plutôt que de défricher un chemin inconnu à l'intérieur d'une forêt pleine de ténèbres, mieux vaut s'engager sur les sentiers déjà empruntés avec succès par d'autres que nous. Nous disposons de nombreux exemples de grands États fédéraux dans le monde – États-Unis Inde, Brésil – dont nous pouvons nous inspirer pour la création de notre propre espace politique, cohérent et unique. Il ne faut rien arrêter de définitif ici quant à la structure exacte de la fédération des États-Unis d'Europe. Ce sont les négociations entre les premiers pays membres du noyau dur qui en décideront. Mais l'idée générale est de profiter des expériences tentées avant nous pour, d'une certaine manière, prendre ce que chacune de ces fédérations a de meilleur et laisser le reste de côté. Une chose est néanmoins certaine. Les États-Unis d'Europe disposeront de tous les attributs symboliques et exécutifs de la souveraineté : un président, un vice-président sans doute, une ou deux chambres, des ministères fédéraux, une Cour fédérale des comptes et de l'évaluation des politiques publiques, des organes régaliens fédéraux, etc. Nous développerons l'ensemble de ces points dans la partie suivante car ils sont reliés au primat du politique sur l'économique.

Tout ce qui permettra aux citoyens de s'identifier à cette nouvelle communauté partagée sera mis en place selon le *principe de négociation contraint* pour le fond – un objectif ferme – et le *principe de négociation ouvert* pour la forme – mille moyens de l'atteindre : passeport et nationalité nouvelle – superposable aux identités nationales sans les effacer –, devise, drapeau, hymne, et bien sûr langue, capitale et monnaie commune. Nous nous limiterons à dessiner ces dernières.

Langue, capitale et monnaie

Il n'est pas d'unité profonde sans ces trois composantes d'une nation. C'est donc sous le *principe de négociation contraint* qu'il faudra choisir une langue fédérale ainsi que la capitale et la monnaie des EUE. Le choix de la langue est le plus sensible tant elle est une « patrie » en elle-même. Il va donc de soi que la décision d'en adopter une, de nature fédérale, n'arasera en rien les langues nationales ou régionales actuelles. Cependant, si l'on veut créer une unité réelle pour les futures générations, il est indispensable à terme que tout le monde puisse communiquer dans la même langue, enseignée dès le plus jeune âge et diffusée partout.

Il n'est pas souhaitable que cette future langue soit celle d'un État en particulier. Il ne faut favoriser personne et mettre tout le monde d'accord. Restent deux options possibles. Soit une langue entièrement nouvelle – comme a voulu l'être l'espéranto en son temps –, soit une langue emblématique de notre être à tous. Préférence va être donnée à cette solution. Dans ce cas, le grec ancien est symboliquement le meilleur choix. Il dit tout de notre rapport à la civilisation qui nous a vus naître et à son héritage, il manifeste sans ambiguïté nos ambitions en matière de démocratie et de culture. Il n'avantage personne, à peine les Grecs modernes – plus grand monde ne comprend le grec ancien à l'exception de quelques érudits –, et il semble un meilleur choix que le latin. Le grec ancien est moins rattachable au groupe des langues latines, français, espagnol, portugais, italien, qui associerait automatiquement les États-Unis d'Europe à leur version « sudiste ». Il faut le privilégier également par rapport à l'espéranto, car il n'est pas l'invention factice d'une utopie mais la mémoire vive d'un peuple qui inventa la philosophie et par là même la liberté.

Cette forme de révolution linguistique en fera sourire plus d'un. Ils auraient grand tort. S'ils doutent ou se moquent de la possibilité de faire revivre une langue ancienne, rappelons-leur charitablement que les Israéliens n'ont rien fait de moins avec l'hébreu. Quoi que l'on pense de l'inextricable conflit israélo-palestinien dans lequel ils sont empêtrés, il est indéniable qu'ils ont su réinventer en quelques générations l'hébreu biblique pour en faire une langue séculaire et de haute littérature. Leur décision politique de départ a été rendue effective par la seule volonté du peuple et de ses dirigeants, renforçant l'unité de tous, ce qui était le but recherché. Pourquoi l'Europe, à l'échelle d'une ou deux générations, ne tenterait-elle pas l'ardu mais magnifique pari du grec ancien ? Sans pour autant, encore une fois, abandonner les langues nationales et régionales actuelles, mais les surplombant.

En ce qui concerne la capitale fédérale, l'affaire peut se concevoir plus simplement. Là aussi, il serait regrettable de choisir une ville existant déjà, favorisant un pays au détriment des autres et excitant d'inutiles concurrences et convoitises. Il faut s'inspirer de pays comme le Pakistan ou le Brésil. Ils ont construit leurs capitales de toutes pièces, Islamabad et Brasília, pour mieux rayonner nationalement à travers ces villes entièrement nouvelles et développer des régions en friche. Pour les EUE, nous pourrions agir mieux encore : bâtir cette capitale au centre de gravité géographique précis des premiers pays formant le noyau dur – en tenant compte, naturellement, des possibilités techniques, ce qui peut nécessiter de prendre la localité la plus proche de ce centre de gravité, qu'il s'agisse d'une petite ville de Catalogne ou de Corse… Le symbole représenté par ce choix paraît suffisamment fort, en tout cas, pour emporter une adhésion de principe. Et nous avons plus que jamais besoin de symboles pour dresser l'édifice d'un État fédéral jamais vu. Ce centre de gravité géographique évoluera bien sûr en fonction de l'agrandissement par cercles concentriques de la fédération, mais rien n'interdit de le conserver comme signe fort de ce qui a commencé un jour.

Pour la monnaie commune, il faut laisser aux économistes juger de la meilleure formule à adopter en termes de croissance et de liberté budgétaire au service des objectifs politiques de la fédération. L'essentiel est que la même monnaie circule partout et, à terme, acquière un poids supérieur à celui du dollar ou du yuan futur. Notre indépendance économique en dépendra. Quel que soit le nom donné à cette monnaie – *principe de négociation ouvert* –, elle sera émise par une Banque fédérale européenne à laquelle sera rendue sa principale fonction : la création monétaire. Et pas seulement pour le contrôle de l'inflation, mais aussi pour un objectif de plein-emploi. La Banque des États-Unis d'Europe, à l'instar de la Banque d'Angleterre et de la Réserve fédérale américaine – qui ne se sont pas privées de ce pouvoir lors des dernières crises –, saura utiliser son droit souverain de battre monnaie.

Quand un État fédéral fort favorise une démocratie forte

L'objet général de ce paragraphe est de déterminer les rapports à établir entre l'indispensable puissance de l'État fédéral et la nécessité de faire exister ce dernier aux niveaux locaux par une démocratie la plus large et efficace possible – ce qui correspond à son essence d'État forgé par l'esprit humaniste des Lumières.

Il est nécessaire d'admettre d'abord un postulat qui peut s'exprimer ainsi : l'État, en tant que tel, peut représenter une tyrannie pour ses citoyens ou le seul moyen pour les plus faibles d'être protégé des plus forts. Il ne faut avoir à craindre ni le bruit de bottes de policiers venant vous arrêter dans la nuit – quand l'État est monopolisé par une caste –, ni devoir constater lorsque cet État est trop faible que « plus personne ne commande et plus personne n'obéit », ni devoir subir l'arbitraire des milices qui s'installent dans le vide et le chaos si l'État disparaît entièrement.

Pour les dirigeants des futurs États-Unis d'Europe, le souci majeur sera d'atteindre, là encore, un « point d'équilibre » : durcir la démocratie molle dans laquelle nous avons versé, sans tomber dans l'autoritarisme. Mais aussi : instaurer uniquement les lois permettant le maintien de la solidarité et éliminer celles qui incarcèrent l'Homme dans la prison des normes inutiles, étouffant sa vie dans mille règles aussi sottes que tatillonnes – ce que nous vivons également aujourd'hui. Ce ne sera possible qu'avec la volonté d'un corps politique entièrement réformé, faute de quoi nous aurons à attendre indéfiniment le fameux « choc de simplification » tant promis en France et toujours invisible. Nous proposerons bientôt comment faire.

Puissance de l'État fédéral et démocratie tout aussi puissante nécessitent l'adéquation entre la verticalité du pouvoir central et l'horizontalité de l'expression démocratique – en se gardant comme de la peste d'une bureaucratie fédérale galopante parce que surajoutée aux échelons nationaux existant déjà. En la matière, la logique doit être de ne centraliser que les fonctions purement régaliennes – mais les centraliser fortement –, le reste dépendant totalement des citoyens à leur niveau local, selon le *principe de subsidiarité réel*. Cette volonté conduit à proposer trois étages de direction de la vie publique – et pas davantage : l'État fédéral, les États tels qu'ils existent actuellement, les départements – ou ce qui en tient lieu dans d'autres pays que la France. Suppression, donc, des actuelles régions pour ne pas rajouter une strate inutile et de taille trop conséquente, si l'on souhaite y développer la démocratie directe.

Pour rassurer les indécis et ceux qu'inquiètent les pertes de souverainetés nationales, commençons par ce que deviendront les États actuels dans les futurs États-Unis d'Europe. Quel que soit le type de fédération choisi, ils garderont leurs forces vives ainsi que des gouvernements et des assemblées législatives propres afin de maintenir une régulation de leurs lois en fonction de ce qui fait leur particularité, l'État fédéral n'intervenant que dans la limite des principes généraux ayant présidé à l'union. En Inde, l'État de l'Arunachal Pradesh est à des années-lumière de celui du Rajasthan dans bien des domaines, mais rien ne les a empêchés d'être inclus dans la même fédération. On peut dire la même chose des États américains ou de ceux du Brésil.

Poursuivons par l'échelle locale des départements et de leurs communes. C'est le lieu idéal, par la taille et le nombre d'habitants, du développement de la démocratie participative basée sur le *principe de subsidiarité réel* et sous la protection de l'échelon ultime de la puissance fédérale. C'est à l'intérieur de ce creuset local que tout peut se jouer dans la perception nouvelle que le citoyen se fera de sa démocratie et du rôle qu'il peut y tenir – à l'image du municipalisme libertaire, mais bien contrôlé, des Kurdes de Syrie. Doit être renforcé tout ce qui relève de la liberté immédiate du citoyen et du pouvoir décisionnel proche de lui. Ainsi se réappropriera-t-il une grande partie de son destin.

Les départements et leurs communes se trouveront donc consolidés dans leur autonomie, tandis que le Léviathan des bureaucraties régionales disparaîtra. Le contrôle fédéral se limitera à la direction des affaires se situant hors du cadre de ces territoires et à la surveillance des baronnies de villages toujours promptes à se reconstituer. L'équilibre entre puissance fédérale et liberté locale prendra naturellement en compte le souci de préserver l'action associative, le mutuellisme et l'autogestion.

En résumé : liberté locale et puissance fédérale.

Précisons maintenant le type de démocratie que cela peut initier dans l'accès des citoyens aux responsabilités des trois étages de la fédération. Commençons par le niveau le plus petit, celui des agglomérations modestes et des villages. Il serait utile, au vu des carences constatées en France aujourd'hui, d'ouvrir bien davantage leurs institutions à la « société civile » sous une forme nouvelle et par le *principe de partage par moitié* : 50 % de « professionnels » de la gouvernance publique – pour lesquels une carrière politique est désirable – et 50 % de citoyens qui souhaitent intervenir dans la vie publique, mais occasionnellement. Dans ce cas, on peut s'inspirer sous une forme modernisée des tirages au sort qui avaient lieu à Athènes autrefois. Non pas un tirage à l'aveugle, bien sûr, mais effectué à l'intérieur d'un corps de volontaires sélectionnés par des concours préalables destinés à s'assurer de leur compétence à exercer le pouvoir, et n'effectuant qu'un seul mandat. Ce serait un appel d'air frais périodiquement renouvelé, évitant de surcroît toutes les problématiques populistes et démagogiques liées à la volonté de réélection.

Dans l'hypothèse où ce système fonctionnerait, il serait profitable de le dupliquer ensuite sur les deux autres strates du pouvoir, le national et le fédéral. Pourquoi pas des assemblées législatives et des gouvernements composés pour moitié de gens volontaires et compétents, acceptant d'agir pour un seul mandat ? Il faudrait alors une instance organisatrice des concours de sélection correspondant à ce niveau de responsabilité.

Une telle initiative fera à coup sûr grincer des dents les professionnels de la politique et on peut les comprendre. Se voir proposer l'amputation d'une moitié des pouvoirs potentiels est agaçant. Mais davantage de démocratie en passera par là.

Pour le reste, toutes les questions se rapportant à la dimension institutionnelle et centrale de l'État fédéral doivent demeurer ouvertes par principe : nombre et mode de désignation des représentants du peuple, compétences exactes des chambres, processus législatif, etc. Le cœur de l'idée reste, il faut le répéter, d'instaurer cette verticalité à la fois pour elle-même et pour bénéficier à l'horizontalité des décisions locales. Il ne s'agit pas de recréer la Grèce antique des cités qui ne cessaient de se combattre, éclatées en micro-communautés. Le Corse doit avoir le souci du Breton et le Français celui de l'Espagnol. C'est le rôle de la fédération d'harmoniser les libertés et les contraintes tout en maintenant un principe de péréquation suffisant. Si nous insistons sur cette question de la subsidiarité *réelle*, c'est pour que la verticalité du fédéral soit limitée aux simples affaires régaliennes – ce qui représente déjà de nombreux domaines d'intervention, de la gestion des affaires étrangères à la sécurité intérieure et extérieure, et de la justice au budget fédéral.

Autre point important : au moment de la formation du noyau dur des États-Unis d'Europe, il faudra en passer, bien entendu, par une réforme constitutionnelle des États.

Toutefois, cette réforme n'a pas à *précéder* l'établissement d'une constitution européenne. Elle doit l'accompagner dans une révision homothétique, parallèle, conjointe des constitutions des premiers États qui s'uniront, avec en fin de processus la signature d'une grande Constitution européenne fédérale. Inutile de préciser que cette dernière n'aura strictement aucun rapport avec celle de 2005 pour l'UE – texte aberrant, largement incompréhensible, et dès lors nocif en plus d'être absurde.

Le glissement vers ces nouvelles institutions devra s'effectuer très progressivement. Il faut se garder de démolir du jour au lendemain tout ce qui existe pour faire table rase du passé. Le risque du chaos serait considérable – et imprévisibles ses conséquences. Tout cheminement de cette ampleur comprend des étapes prudentes et bien réfléchies. Celles-ci viseront à concilier centralisation et démocratie, à tempérer aussi bien la nécessité du jacobinisme que l'exigence vitale de la décentralisation. Encore une fois, il s'agit d'un équilibre politique subtil à trouver. Il n'est en rien impossible si notre volonté est de tendre vers lui.

Pour le reste, le peuple choisira par ses votes ce que doit être *la* politique de cet ensemble : plus ou moins sociale ou libérale, plus ou moins interventionniste, plus ou moins à droite ou à gauche. Dans tous les cas, cet ensemble fera société parce qu'il sera voulu par la majorité des électeurs et disposera des moyens de la souveraineté : exécutif et corps législatif fixant au nom du peuple les grandes lignes de l'action. Ils ne seront pas les organes dévoyés du consensus mou des lobbies bruxellois, comme c'est le cas aujourd'hui des mal nommées « institutions européennes ».

La solidarité et son économie par le primat du politique

Les institutions fédérales

La question d'un président des États-Unis d'Europe ne fait pas débat. Il en faut un, élu au suffrage universel des premiers pays fondant la fédération. Il serait raisonnable que son mandat soit assez long pour qu'il puisse agir en profondeur, mais non reconductible afin que l'action de ce Président ne soit jamais polluée par des soucis de réélection.

Plusieurs candidats de chaque pays doivent pouvoir prétendre au poste de président sans distinction de nationalité. Les détails de la toute première élection seront laissés à l'appréciation des négociations effectuées sur ce sujet entre les États du noyau dur selon le *principe de négociation ouvert.*

Un vice-président paraît souhaitable plutôt qu'un Premier ministre à la française. Ce vice-président serait choisi par le Président élu. Ils formeraient ensemble le gouvernement en proposant d'y faire participer des membres de tous les États selon le *principe de partage par moitié.*

Les dix principaux ministères fédéraux, protocolairement parlant, doivent être ceux qui permettent d'atteindre les trois *buts* déterminés initialement dans le projet de société des EUE – liberté, paix, prospérité. Il leur sera alloué des budgets prioritaires. Ces dix ministères sont : l'Éducation, la Culture, la Défense, l'Intérieur, la Justice, l'Environnement, la Mer, les Affaires étrangères, la Solidarité – qui prend sous sa tutelle l'ensemble des affaires sociales et de santé. Le ministère des États-Unis d'Europe est maintenu aussi longtemps que la fédération est en cours de création.

Les autres ministères sont considérés comme importants mais secondaires par rapport aux dix premiers, afin d'établir clairement et distinctement les priorités de la politique générale de la fédération. Nous parlerons plus loin de l'absence, dans ce paragraphe, d'un ministère de l'Économie ou du Budget.

Le pouvoir législatif est confié à une ou deux assemblées. Ce point doit être laissé à la discussion par le *principe de négociation ouvert*, tout comme le nombre de députés ou de sénateurs.

Ces aspects structurels passés en revue, il faut aborder un autre point essentiel si l'on veut que les résultats de l'EUE soient à la hauteur des espérances : la qualité du corps politique composant ces institutions. Nous allons tracer des pistes de proposition pour refonder ce corps politique, de même que nous avons évoqué précédemment les systèmes de vote et d'élection possible avec le tirage au sort de volontaires qualifiés. Cette refondation est impérative au regard de ce que nous appelons communément la « faillite des élites » . Elle oblige à transformer leur « production » en profondeur en proposant des réformes radicales. Ces élites demeurent nécessaires dans la vision de ce que doivent devenir les EUE, mais elles doivent retrouver le sens premier du service public et provenir de toutes les strates de la société – et non plus être issues majoritairement d'une reproduction sociale segmentée.

La question est donc : par qui serons-nous dirigés ? Nous voulons dire : quelle sera la valeur des gens qui nous conduiront ? Quels seront leurs convictions, leur vision et leur courage, selon la définition de l'Homme politique déjà formulée ?

Les réformes impératives pour obtenir une élite d'hommes et de femmes correspondant aux ambitions des États-Unis d'Europe passent en premier lieu par la restructuration de l'école publique – là où tout commence – et s'achèvent en bout de chaîne par la refondation des grandes écoles.

La réforme de l'école

Dans les débuts de ce manifeste, nous avons acquiescé au constat de la dégradation de l'enseignement procuré actuellement à nos enfants, de la maternelle au baccalauréat. Que faire pour y remédier ? Nous devons nous convaincre qu'il faut en finir avec les incessantes « innovations » que nous avons connues ces dernières décennies, presque toutes contre-productives. Mieux vaut s'inspirer de modèles qui ont fait leur preuve, comme ce corps des hussards de la République qui en son temps a produit une France qui savait lire, écrire et compter, mettant fin à l'illettrisme. Nous prônerons ici un sage retour à ce qui a le mieux fonctionné dans notre histoire, ce qui permettra d'être brefs dans ce paragraphe, avec néanmoins quelques précisions.

Les États-Unis d'Europe mettront en place de véritables écoles fédérales de formation des maîtres et reprendront à leur compte l'égalitarisme vestimentaire à l'école. Pas pour des raisons d'austérité, mais parce que « l'uniforme » – que l'on trouve dans tous les établissements scolaires hors d'Europe – permet à l'enfant d'échapper à deux effets dévastateurs : 1 – le diktat des marques et logos à l'âge où il ne devrait pas y être soumis ;

2 – l'infériorisation par les apparences s'il appartient à un milieu modeste. Nous devons réapprendre cette évidence en nous débarrassant des chicanes droite/gauche dans lesquelles s'empêtre souvent cette question. Sur les bancs de l'école ne doivent se trouver ni pauvres ni riches, mais des citoyens en construction.

Nous devons aussi exclure de l'école tout ce qui « conspire contre la vie intérieure » et modifie notre présence au monde : téléphones, tablettes et autres écrans. Il est plus raisonnable d'attendre une certaine maturité pour maîtriser les effets négatifs de ces progrès purement technologiques et sans valeurs intrinsèques. Présents dans l'école, ces écrans où défilent les incessants flux virtuels du monde finissent par se substituer à la vie elle-même et ne font rien de moins que préparer les enfants à l'enrégimentement dans la marchandisation du monde. Jusqu'au baccalauréat, l'école ne doit plus être le lieu de la fabrication de consommateurs que l'on prépare à l'entrée dans le monde du travail comme des machines dociles et résignées, mais l'inverse : le lieu où l'on forme des citoyens libres et à même d'affronter la rudesse de la vie en leur fournissant le bagage intellectuel nécessaire et une formation de l'esprit suffisante – ce qu'on appelait les « humanités », quand on savait de quoi on parlait. Ce pourquoi, la philosophie et l'instruction civique se trouveront au cœur du système éducatif : pour enseigner le fonctionnement des institutions, bien sûr, mais surtout pour expliquer la nature même de la démocratie, les fondements de la générosité, l'impérieuse nécessité de la solidarité si l'on ne veut pas être seuls au monde, la frivolité de la poursuite sans fins des biens matériels. L'éthique et la pensée libre se construiront ainsi à l'école si elles ne peuvent l'être dans les familles. Jusqu'à dix-huit ans, cette école de la fédération des États-Unis d'Europe doit être l'oasis où les enfants arment leur conscience et leur savoir. Une oasis protégée des impératifs de la performance et du management, un sanctuaire contre le brouhaha du monde. La présence de l'informatique, du numérique et de tout ce qui se rapporte aux nouvelles technologies sera très importante, cela va sans dire, mais centrée sur leur étude précise et détaillée, non sur leur exploitation.

Après quoi, bien préparés, garçons et filles pourront se former au métier qu'ils auront choisi. Celui-ci l'aura été avec bien davantage de discernement. Et si ces jeunes souhaitent servir les Institutions de l'État fédéral – et pas seulement eux-mêmes –, ils y seront préparés.

Pour ce qui est de la France actuelle, il n'est pas interdit de penser qu'il faudrait appliquer sans trop attendre ces réformes. Seuls les pourvoyeurs de main-d'œuvre docile et consumériste, ces Hommes dont le cerveau est une calculette et le cœur un ordinateur, verront une perte de temps à ce long apprentissage issu à leurs yeux d'un monde qui n'a plus lieu d'être.

La réforme des grandes écoles

Par « grandes écoles », nous entendons ici l'ensemble des institutions publiques et privées prétendant à la formation des élites dans tous les domaines : l'ancienne ENA, Polytechnique, HEC, Mines, etc. Leur réforme doit être drastique. Pas d'autre choix si l'on veut éviter de retomber dans les ornières où nous continuons de patauger. Il nous faut des hommes et des femmes ayant acquis un minimum d'expérience de la vie et du monde avant de prétendre à quelque pouvoir que ce soit. Faute de quoi, l'arrogance et la certitude de soi, l'ambition et la convoitise gâtent tout ce qui a été mis dans les têtes. À ce propos, voici comment furent accueillis par leur directeur, qui s'y connaissait en Hommes, les polytechniciens admis à la promotion de 1981 : « À Polytechnique, la proportion de cons est la même que dans toutes les collectivités. Mais ils sont d'autant plus dangereux qu'on les a sélectionnés avec soin. »

En ce qui concerne l'accessibilité des grandes écoles à toutes les classes de la société, on peut considérer que c'est par la réforme de l'Éducation nationale proposée plus haut que l'on peut y parvenir. Pour le reste, la longue expérience qu'il m'a été donné d'acquérir au contact de l'élite politique et économique m'a amené à penser que la réforme des grandes écoles qui les ont formés ne pèche pas par son contenu lui-même, mais par ce qui y manque. Elle pèche par *défaut*. Il ne faut donc *a priori* rien enlever, mais *ajouter*. Quoi donc ? L'épaisseur intellectuelle et critique que procurent l'expérience du *terrain* et sa dimension *humaine*. Nous proposons donc qu'à la fin de tous les cursus existant actuellement s'ajoutent quatre stages de trois mois chacun. Le premier en milieu ouvrier en tant qu'ouvrier, le deuxième en milieu paysan en tant que paysan, le troisième au contact de la précarité quotidienne en tant qu'agent social, le quatrième en étant jeté dans la vie réelle par un tour d'Europe sans un sou en poche.

Cette année supplémentaire de cursus permettrait d'ouvrir notre élite future à une réalité du monde, de la vie et de leur propre société dont l'élite actuelle n'a pas même idée. Elle lui fournira un minimum de cette épaisseur de vérité dont il faut être pénétré pour être autre chose qu'une tête bien pleine dirigeant ses semblables avec la suffisance de l'insuffisance. Si l'on rétorque que cette réforme est extravagante, nous répondrons que ce qui est extravagant, c'est de ne pas l'avoir appliquée plus tôt, tant elle est simple et peu coûteuse.

L'École fédérale des affaires européennes, remplaçant ce que fut l'ENA avant sa récente transformation cosmétique, en sera le premier exemple. Il devrait en sortir des jeunes gens mieux à même de comprendre que la grandeur qu'ils acquerront par la suite en dirigeant les affaires de leurs semblables n'aura que la valeur des servitudes qu'ils auront bien voulu leur consentir.

Comme pour l'Éducation nationale, qu'est-ce qui nous empêcherait d'introduire en France, et sans attendre, ce cursus supplémentaire pour nos grandes écoles… Même les entreprises y gagneraient, on peut en faire le pari.

Ce qu'il faut pour l'efficacité des institutions fédérales et de ses dirigeants

Pour tout ce qui concerne l'efficience de nos dirigeants actuels – tant sur le plan politique qu'économique –, que discerne-t-on derrière les apparences, derrière la réalité des gabegies, des carences, des manquements, des échecs, et autres insuffisances ? Une chose toute simple, en vérité, à la base de la plupart des dérives : le pouvoir de nos dirigeants et la responsabilité qu'il induit sont trop souvent décorrélés. Voilà le mal principal : le manque de sanction pour l'incompétence ou la légèreté.

Si nous voulons que les États-Unis d'Europe ne reproduisent pas à grande échelle nos défauts actuels – vision de cauchemar –, il faut s'atteler dès le départ à ce mal par diverses règles et structures.

Premièrement : créer une institution de contrôle de l'exercice même de la démocratie, capable de garantir un niveau sans précédent d'exemplarité des élites. La nature de cette institution fait partie des réformes à discuter selon le *principe de négociation ouvert*.

Deuxièmement : fixer des règles plus strictes d'inéligibilité et de renouvellement des mandats.

Troisièmement : étudier l'extension des mandats impératifs – encore non reconnus en France – pour sanctionner l'incompétence et le manque de sens public. Il va de soi que les conditions de cette extension doivent être soigneusement étudiées pour ne pas produire l'inverse : un moloch terrifiant tout le monde, ce qui reviendrait à régler un problème par la production d'un autre problème. Mais qu'un représentant du peuple soit démis de ses fonctions pour avoir fait l'inverse de ce qu'il avait promis n'est pas choquant sur le fond. Toutes les administrations et leurs représentants devraient y être soumis. L'article 15 de la *Déclaration des droits de l'homme et du citoyen* ne dit-il pas d'ailleurs clairement : « La société a le droit de demander compte à tout agent public de son administration » ? C'est même la « devise » de la Cour des comptes. Toutefois, de quels pouvoirs dispose en pratique cette dernière, non pas à l'égard de la corruption, mais des mauvais gestionnaires, des incompétents et autres fonctionnaires insouciants des deniers publics ? Rendre un rapport et des recommandations, comme elle le fait, ne garantit en rien la mise en œuvre de ce qu'elle préconise. À quoi bon évaluer, si l'on ne peut en tirer les conséquences ? C'est à cela qu'il faut remédier, en créant une instance disposant d'un pouvoir réel : en France, aussi tôt que possible, et dans les futurs EUE dès la fondation de son « noyau dur ».

Permettre à la presse en déroute de retrouver sa route

On s'étonnera peut-être de trouver ici un paragraphe sur la presse. C'est qu'il faut se convaincre que, sans une presse réellement libre, rien de ce qui a été préconisé jusqu'ici ne pourra aboutir. À quoi bon former à l'école des citoyens conscients de l'être plutôt que des consommateurs inconscients d'autre chose, à quoi bon forger ensuite une élite pour laquelle la solidarité serait davantage qu'un vain mot après son apprentissage du monde et de la vie, si par la suite nul dans les EUE n'est informé pleinement de la marche du monde et des enjeux en cours afin de pouvoir délibérer en tout de manière efficace car éclairée ? Le problème pour les futurs EUE est d'autant plus vaste que l'ensemble de la presse européenne actuelle subit la contrainte économique des annonceurs publicitaires dont son existence même dépend. Elle connaît une soumission aux entreprises privées encore jamais vue. La majorité des médias appartient déjà à des groupes industriels ou financiers, et l'action des lobbies au sein de ces médias n'a rien à envier aux ingérences politiques qui s'y déploient aussi. Il n'y a plus beaucoup de « forces vives » pour lutter contre l'envahissement exponentiel de la « com » tous azimuts, de la désinformation chronique et des manipulations de toutes sortes. Quand *Le Canard enchaîné* affirme être l'un des rares journaux vraiment indépendants – car sans publicité – il a, hélas, raison.

L'aide à la presse en France étant déjà très conséquente, il n'existe pas de solution miracle pour permettre aux médias la reprise en main de leur autonomie.

Comment leur fournir les moyens suffisants du travail serein qu'ils doivent effectuer pour notre service commun ? Quelles que soient les difficultés pour répondre, cet aspect de la démocratie permettant la bonne marche d'un État fédéral européen doit être au centre des préoccupations dès la création du « noyau dur ». Dans un projet de société comme le nôtre, il ne s'agit pas d'un domaine périphérique. On peut envisager quatre mesures une fois parvenus à un stade fédéral de puissance suffisant :

1 – Une baisse rigoureuse du volume publicitaire dans les médias pour les en délivrer.

2 – L'adoption tout aussi radicale de lois anti-concentration dans la presse et l'édition.

3 – Le soutien le plus grand possible aux médias autogérés sur le modèle de propriété mixte – journalistes et lecteurs.

4 – Un travail de grande ampleur dans les collèges et lycées pour inciter les jeunes à s'informer à travers la « vraie » presse et non sur les réseaux sociaux.

Les trois premières mesures nécessitent une intervention financière considérable de la part de l'État fédéral afin de compenser les pertes que cela impliquerait pour les médias actuels. Malgré tout, il faut faire ce choix. Le prix à payer pour la liberté n'est jamais trop élevé. Si l'on objecte que ce sera impossible à financer car, comme d'habitude, « nous n'en avons pas les moyens », nous répondrons que penser à l'échelle fédérale modifie radicalement le tableau. C'est cela, « créer de la puissance ».

De la cohésion fédérale avant toute chose : patriotisme européen, service fédéral citoyen, et roman national

Pour aborder convenablement les aspects économiques que nous avons laissés de côté jusqu'à présent, et envisager ce que l'on pourrait appeler les « réformes de solidarités », il semble nécessaire d'instituer trois « fondamentaux » permettant la naissance de cette idée de solidarité entre les citoyens puisqu'elle est à la base de la construction des États-Unis d'Europe.

Tout d'abord le « patriotisme européen ». Nous devons le faire naître sur la base des « préalables » déjà analysés et sur lesquels il est inutile de revenir. Nous aborderons donc ici les modalités à travers lesquelles cette nouvelle forme de patriotisme peut être créée et développée de génération en génération en fournissant à tous les citoyens la conscience d'une appartenance commune au socle civilisationnel de l'Europe.

Pour ces modalités, il faut se souvenir de la leçon de Stefan Zweig dans son *Appel aux Européens* : pas de culture commune sans des échanges permanents à tous les niveaux, notamment celui du système éducatif – ce qui signifie qu'il faut d'abord compter sur les jeunes générations pour initier l'élan. À cet égard, les programmes Erasmus mis en place par l'UE sont l'une de ses rares réussites et il faut s'en inspirer. La multiplication des échanges culturels à l'intérieur des États-Unis d'Europe, de manière constante et permanente, partout et dans toutes les structures, toutes les localités quelles que soient leurs tailles, doit être l'une des grandes priorités de nos futurs dirigeants. La création d'une agence fédérale est impérative afin de généraliser ces échanges : scolaires, universitaires, associatifs, qui deviendront un « mode de vie » grâce à de vastes mouvements de va-et-vient par lesquels chacun apprendra à considérer l'autre comme son plus proche voisin. Cela signifie à terme un corps unique d'enseignants, de même qu'il y aura un service public fédéral, une armée fédérale, une police fédérale. Seule la mise en commun automatique par le fédéralisme de l'esprit européen générera le ciment capable d'unir culture et puissance dans un nouveau « patriotisme européen » garant de notre pérennité.

Ce patriotisme se concrétisera avec le deuxième des « fondamentaux » de la cohésion interne des EUE : le service fédéral citoyen. Celui-ci est indispensable et ne doit pas être considéré comme une forme d'« impôt » supplémentaire pour chacun d'entre nous, mais comme une forme de don de soi à la communauté au début de son parcours de vie. Rappelons ici que, si le service national a été suspendu en France, il existe toujours dans une nation aussi pacifique que la Suisse.

Ce service fédéral doit intervenir dès la majorité – à dix-huit ans – pour laisser ensuite la place libre au choix de vie de chacun. Il doit être obligatoire pour les garçons comme pour les filles, sans aucun passe-droit, et sa durée doit être d'au moins six mois pour donner quelque résultat. Il faut considérer ce service comme un complément de formation citoyenne. De ce fait, il doit offrir trois options :

— Le service fédéral militaire pour l'axe de défense.

— Le service fédéral civique pour l'axe de solidarité intérieure.

— Le service fédéral humanitaire pour l'axe de solidarité extérieure.

Les deux premiers services s'effectueraient donc en Europe et le troisième à l'étranger *via* des postes diplomatiques instaurés à cet effet dans les ambassades de la fédération.

Un tronc commun militaire de deux mois initierait cette année de service fédéral selon la formule des anciennes « classes ». Il faut permettre à chacun d'acquérir « l'esprit de défense » tout en apprenant les bases de l'éthique du combattant présidant à cet esprit dans une fédération qui se veut pacifique, mais toujours prête à se défendre.

Il sera impossible d'instituer du jour au lendemain un service fédéral aussi complexe et étendu, ne serait-ce que pour des raisons de logistique, d'équipements, d'infrastructures et de personnels. Le mettre en place par étapes est une évidence et le périmètre de ces étapes sera fonction des négociations engagées entre les premiers États formant les EUE. Le volontariat peut être une piste au départ avant une montée en puissance progressive jusqu'à inclure l'intégralité d'une génération. Le principal est d'affirmer, ici, que c'est la route à prendre et qu'il faudra s'y tenir. C'est dans ce « service fédéral » que se renforcera le patriotisme européen et que se forgeront les âmes à travers des épreuves communes traversées ensemble – et l'idéal de servir les siens.

Le troisième des « fondamentaux » pour la cohésion des États-Unis d'Europe touche à la problématique inflammable de l'existence ou non d'un « récit national ». Afin d'y répondre sans susciter les interminables polémiques qu'on imagine, nous proposons de substituer définitivement le « roman national » au « récit national ».

Clarifions d'abord les termes. Quand on parle de récit national, on cherche à l'évidence une « réalité » historique qui nous ferait tous descendre de la même origine, justifiant par là même notre unité. C'est le fameux : « Nos ancêtres les Gaulois. » Nous avons besoin de ciment collectif, mais celui proposé avec les Gaulois est inconséquent puisque, dans les faits, les ancêtres réellement généalogiques d'une bonne partie de la population française ne sont pas gaulois. L'affirmer comme une vérité pose donc problème pour nombre d'entre nous. Si, en revanche, nous quittons volontairement cette réalité des faits pour la remplacer, tout aussi volontairement, par un mythe soigneusement choisi dont nous conviendrions de tous dépendre, les choses changent. C'est le « roman national » : nous savons qu'il n'a pas de vérité historique absolue, mais il nous plaît d'y croire tous ensemble pour nous souder derrière lui. J'ai déjà parlé des Indiens Yuhup d'Amazonie colombienne avec qui j'ai vécu – mais mille autres exemples sont possibles. Quand j'étais avec ces Indiens, à l'époque où le monde extérieur ne les avait pas encore touchés, je m'étais étonné de leur prétention à tous descendre d'un félin originel. Cette origine leur interdisait de répandre le sang de ces animaux, mais les faisait tous se reconnaître entre eux comme frères, à la différence des membres des tribus voisines. Bien entendu, ne serait-ce que d'un point de vue strictement biologique, ils savaient bien qu'ils ne pouvaient pas avoir comme ancêtre un animal quelconque. Cependant, ils acceptaient délibérément ce mythe transmis depuis des millénaires par leurs aïeux parce qu'ils comprenaient qu'il était leur sauvegarde et ce sur quoi se fondait leur culture. Mieux encore : ce mythe était ce qui les poussait à poursuivre leur route ensemble.

Ce dernier point est important : l'invention demain, au sein des futurs États-Unis d'Europe, d'un « roman national » – socle virtuel et librement consenti dont tous les peuples pourraient être fiers –, permettrait de nous inventer un avenir commun après avoir construit un présent collectif. Sans fierté, on ne peut aller de l'avant et bâtir un destin. On proclamerait en vain : « Continuons à faire de grandes choses ensemble. » La fierté de l'avenir dépend de celle du passé. Cette réinvention du volontarisme politique passant par la constitution d'un roman national nécessite une réappropriation sans complexe de la totalité de notre histoire européenne. Dans ce qu'elle a eu de bon, comme dans ce qu'elle a eu de mauvais. Il faut assumer cet héritage général dont nous ne sommes pas responsables individuellement. Nous pouvons juger cet héritage, non le refuser.

Le « roman national », et bientôt fédéral, n'a pas pour vocation d'être un manuel d'histoire. Il est un choix délibéré de société par la recréation d'une mythologie. Pour cela, nous avons tout ce qu'il faut sous la main, à l'intérieur même du continent européen. Il suffit de piocher dans l'histoire et la culture de tous ses peuples, si différents, si brassés et mélangés – les problèmes de couleur de peau ou d'origine n'en pourront que mieux disparaître. Le « roman fédéral » devient une cohésion identitaire, source de la solidarité qui rend l'Autre important. Nous serions tous unis par la capacité de penser hors de la seule généalogie biologique, dans le temps long d'une généalogie civilisationnelle librement choisie, plongeant ses racines dans l'idéal grec et l'Europe des Lumières.

L'un des plus beaux livres de Romain Gary, ce juif lituanien qui grandit à Nice et devint l'un des premiers compagnons du général de Gaulle parce que sa mère avait rêvé de le voir un jour ambassadeur de France, n'est-il pas justement *Éducation européenne* ? C'est par cette éducation et les projets communs qu'elle fera naître que le roman se transformera en Histoire. Pour qu'un jour les instituteurs se rêvent en porte-parole de l'Europe, les énarques en grands commis de la fédération, et les jeunes mousses en officiers de marine européens…

Défense et politique étrangère

Avant d'en venir au point essentiel de l'économie, quelques mots sur la stratégie de défense des États-Unis d'Europe et sur leur politique étrangère.

Compte tenu de tout ce qui vient d'être écrit depuis la première ligne de ce manifeste, il est entendu, sans aucune ambiguïté quelconque, que la « puissance » recherchée par cette création n'a d'autre but que de vivre libres, en paix et de manière prospère, en tenant compte de ces mêmes intérêts pour les autres nations. Si sans puissance il n'est aucune existence possible, cela vaut pour tout le monde. J'ai passé ma vie dans la « peau » des autres et je sais de manière charnelle ce qu'ils pensent, ressentent ou veulent, qu'ils soient papous, afghans ou somaliens, qu'ils habitent les rives du Nil ou les îles perdues des Salomon. Et je respecte ce qu'ils pensent, ressentent et veulent.

Une politique de défense cohérente nécessite une armée fédérale forte. Elle le sera d'office, puisque composée de la moitié de chaque armée des pays de la fédération. C'est cette donnée arithmétique qui importe ici, puisque nous ne voulons pas encore entrer dans les détails. Trois points cependant :

1 – Elle s'attachera à disposer de forces de projections suffisantes pour la sécurisation de nos intérêts extérieurs en cas de menace et afin de pouvoir répondre, quand

nécessaire et sous conditions, aux appels à l'aide d'États ou de peuples qui en feraient la demande.

2 – Lorsque le noyau dur des États-Unis d'Europe sera constitué, les pays le composant quitteront l'OTAN. Il ne s'agira pas d'une rupture de l'alliance existant avec les Américains, mais d'une recomposition de cette alliance de manière enfin équilibrée – et surtout réellement indépendante.

3 – Au fur et à mesure de l'ajout de nouveaux pays au sein des EUE, son armée fédérale aura pour objectif d'atteindre la masse critique lui permettant de faire face à une éventuelle guerre de haute intensité en embrassant tout le spectre nécessaire pour cela, nucléaire compris.

Quant à la politique étrangère, si on veut qu'elle soit empreinte de solidarité et d'une vision généreuse du monde malgré la réalité cruelle et brutale de ce dernier, il lui faut impérativement être une « politique étrangère des rééquilibres », selon le *Principe de réciprocité constant*. Alors, nous recevrons à proportion de ce que nous donnerons. Comme dans la vie. Les relations diplomatiques ne composeront donc plus avec les petits arrangements entre amis, notamment en Afrique, et cela nous amènera aussi à repenser nos rapports avec les pays pour lesquels la réciprocité est douteuse, comme l'Arabie saoudite, la Turquie, la Chine ou le Qatar.

Dernier point enfin : dès que les États-Unis d'Europe auront atteint un seuil de puissance suffisant, ils proposeront un vaste « plan Marshall » aux pays d'Afrique et du Moyen-Orient qui le nécessitent pour rejoindre nos niveaux de vie. C'est ainsi que nous pourrons enfin introduire un juste équilibre dans nos rapports communs. Tout ce qui a été fait jusqu'à présent en termes de coopération et d'aide au développement n'a donné que des résultats médiocres, la corruption et l'incompétence étant les deux mamelles de cet échec. Les responsabilités sont situées des deux côtés de la Méditerranée et il faut inventer autre chose. Un plan Marshall, avec tout ce que cela implique, est la solution. Celui-ci est impossible à mener en l'état actuel des choses compte tenu de la faiblesse économique de chacun des pays européens séparés, mais son exécution par les États-Unis d'Europe serait possible – et autant dans l'intérêt des pays concernés que dans le nôtre. Le règlement de la vaste problématique des « migrants » passe aussi par ce chemin.

Quand l'économie est au service de l'Homme

Levons d'abord une ambiguïté éventuelle : affirmer qu'il faut redonner le primat au politique sur l'économique – point fondamental de ce manifeste, comme nous l'avons maintes fois souligné – ne signifie pas qu'il faille jeter aux orties le capitalisme dérégulé pour lui préférer une planification à la soviétique. Ce qui est visé, c'est la maîtrise d'une forme contrainte du capitalisme afin qu'il serve les citoyens avant tout autre intérêt. Le rôle central de l'État est ici réaffirmé tant que le monde ne sera pas composé de saints. Dans les États-Unis d'Europe, tous les secteurs liés à la souveraineté resteront sous le contrôle majoritaire – pas exclusif mais majoritaire – de l'État. Qu'il s'agisse des infrastructures, des transports, de l'énergie, de la santé, de l'éducation ou de l'industrie, l'État fédéral, émanation des peuples le composant, gardera la maîtrise des orientations à donner au bénéfice de tous. C'est son rôle stratégique. Des nationalisations peuvent donc être nécessaires. Ailleurs, l'État fédéral doit garder une voix prépondérante dans les conseils d'administration des entreprises publiques – sans s'immiscer dans les décisions de gestion ni nommer des fonctionnaires partout, cela va sans dire – mais il doit pouvoir décider à tout moment. Et ne pas être contraint, comme dans l'UE, de libéraliser à tout-va, depuis les réseaux ferroviaires ou électriques jusqu'aux autoroutes. L'exemple britannique est, à cet égard, emblématique. Il suffit de voir ce qu'est devenu là-bas l'accès aux soins. Bientôt on y jouera *Les Misérables* de Victor Hugo.

Le « moins d'État » pour « libérer la concurrence au bénéfice de tous » appartient aux magnifiques impostures du siècle. C'est probablement la meilleure opération de *com* jamais exécutée par les représentants supérieurs de l'*Homo œconomicus*, car elle est quotidienne, insidieuse et doucereuse. À moyen terme, il faut réhabiliter les politiques keynésiennes évacuées par la théorie économique dominante. La relance macroéconomique, en creux de cycle, est la seule qui puisse lever le garrot que nous avons nous-mêmes posé sur notre économie. Dans l'UE, nous ne le pouvons pas. Avec les EUE, nous retrouverons les marges de manœuvre de la souveraineté économique.

En vérité, l'intérêt général ne prime sur les intérêts privés que si quelqu'un s'en occupe sérieusement. Qui, sinon l'État ? La vie démocratique des futurs États-Unis d'Europe sera bien trop précieuse pour la laisser entre les mains du seul actionnariat privé. Que l'initiative entrepreneuriale demeure parfaitement libre et soit encouragée est une évidence. Il le faut impérativement. Mais que l'État fédéral joue pleinement son rôle, comme un maître tutélaire surveillant et bridant tout ce qui peut nuire au peuple, est une autre évidence. Les citoyens doivent décider de la conduite de leur vie et non les entrepreneurs. Ce qui est soutenu ici n'est rien d'autre qu'un volontarisme politique ne contredisant pas la liberté privée mais, au contraire, la soutenant dans ce qu'elle doit être réellement.

Tout cela, d'ailleurs, semble valoir pour la France dès à présent. Raison pour laquelle, par exemple, le portefeuille de l'Agence des participations de l'État – environ 80 entreprises dans le domaine des transports, de l'énergie, de l'industrie, des services et de la finance –, qui correspond à la capacité d'influence de l'État « actionnaire », devrait être consolidé et renforcé. Il faut à tout prix sortir d'une logique de cession des « bijoux de famille » à seule fin de faire entrer à courte vue de l'argent dans les caisses, et retrouver la vision souveraine du long terme.

Pour manifester clairement le primat du politique sur l'économique dans les futurs États-Unis d'Europe, pour que la politique devienne enfin *performative* et que les dirigeants de la fédération puissent affirmer : « Ce que j'ai dit, je l'ai fait », une autre mesure est souhaitable, aussi symbolique qu'efficace : *l'absence de ministère des Finances*. On a bien lu. Toutes les attributions habituelles de ce ministère, ainsi que celles du Budget, seraient placées entre les mains d'un simple secrétaire d'État au Trésor, directement rattaché aux services du Président ou de son vice-président. Son rôle ne serait plus, comme aujourd'hui en France, d'empêcher pour l'essentiel toute initiative nouvelle, mais de faciliter au contraire la mise en œuvre de l'ensemble des politiques publiques, parce que dans la main directe de l'exécutif. Si cette idée venait à voir le jour en France – il s'agit ici d'une simple « expérience de pensée », on s'en doute bien –, ce serait évidemment un « big bang » fonctionnel au niveau des hauts fonctionnaires des Finances dont toute la formation et la tournure d'esprit vont à l'encontre d'une telle approche.

Mais ce « big bang » serait de nature à nous sortir du marasme. Là aussi, il faudrait « renverser la table » sans faillir.

Il est certain qu'une telle approche dans les futurs États-Unis d'Europe révolutionnerait la sphère économique et financière publique en récusant tout à la fois l'étatisme forcené et le capitalisme déchaîné. En somme : ni les États-Unis, ni l'ex-URSS. La voie d'équilibre entre les deux peut passer par l'économie sociale de marché, keynésienne et régulée, trop peu et trop mal explorée au cours des dernières décennies. À tout le moins, les intérêts privés ne doivent plus s'engouffrer dans les vides institutionnels.

Le nouveau pacte de solidarité fédérale

Puisque le terme de « solidarité » développé dans les préalables de ce manifeste se trouvera dans la devise des États-Unis d'Europe, venons-en maintenant à la manière dont il se manifestera « en actes » dans la vie publique – c'est-à-dire comment chaque citoyen en ressentira personnellement les effets. Nous entrons là au cœur du programme politique de la fédération et de son volontarisme dont voici les grandes lignes – à commencer par la politique salariale dont les insuffisances sont dévastatrices en termes de solidarité.

En la matière, pour savoir quoi faire « en actes », il faut d'abord admettre que tous les métiers existants peuvent être classés dans deux catégories : ceux qui servent directement les citoyens et ceux qui ne les servent qu'indirectement ou pas du tout. Ce serait une erreur de les mettre sur le même plan dans un vaste État fédéral soucieux d'exprimer la démocratie par la solidarité.

Dans la première catégorie, se rangent des métiers aussi évidents qu'infirmières, instituteurs, soldats, pompiers ou agriculteurs. Nous ne les payons pas directement pour leur travail. Dans la seconde catégorie, se trouvent les emplois dits de service, ceux de la banque, des assurances, du commerce, de la finance, des avocats, etc. Nous les payons directement quand nous les employons.

Il n'est en rien dans l'esprit de notre propos de blâmer les seconds au bénéfice des premiers. Il s'agit seulement de revaloriser entièrement les premiers d'un point de vue salarial et pas seulement dans leur « image ». Ce point est essentiel. Nous ne changerons pas les choses sans renouveler en profondeur le contrat social. Qu'un professeur de collège gagne infiniment moins qu'un banquier d'affaires, ou une infirmière dix fois moins qu'un conseiller d'État, ne trouve de justification que dans nos représentations archaïques et conservatrices des structures sociales. Elles restent un obstacle majeur à l'idée même d'un pacte de solidarité entre les citoyens et à son idée centrale : ce qui importe dans une communauté soudée, c'est moins la compétition avec les autres qu'avec soi-même. On n'agit pas autrement dans une famille. Les âmes élevées fonctionnent au carburant de la solidarité et non à celui de la compétition.

Si nous considérons que les métiers servant directement aux autres sont fondamentaux, il faut que la confiance que nous leur accordons se retrouve dans le niveau des salaires qui leur sont attribués en rééquilibrant ce qui est dû à chacun lorsque arrive la fin du mois.

Comment faire ? Prenons l'exemple de la France en imaginant que ce que nous allons développer maintenant soit l'une des bases de négociation entre les pays décidant de former le noyau dur des futurs États-Unis d'Europe.

Nous pouvons commencer par renégocier le contrat salarial dans la fonction publique en utilisant une méthode assez simple qui n'augmenterait pas d'un sou les dépenses de l'État. Cette méthode fâchera certains mais en contentera beaucoup : raboter les plus hauts salaires – ceux dont « l'utilité marginale » est basse – pour augmenter les plus bas. En termes concrets, il s'agirait d'ajouter, par exemple, 500 euros sur des fiches de salaire à 1500, tout en en prenant quelques milliers sur les plus hauts salaires, la « masse salariale » restant inchangée. C'est une décision politique et elle n'a d'autre objet, là aussi, que de retrouver un équilibre en introduisant un peu de justice.

Dans le secteur privé, le même rééquilibrage pourrait être atteint avec autre chose que le « pacte de responsabilité » évoqué il y a quelques années, dont les drastiques baisses de charges salariales n'ont pas été réellement conditionnées à des embauches ou des revalorisations salariales par un dispositif contraignant. Ce n'était guère sérieux. Faiblesse du pouvoir politique et de ses convictions profondes. Ce qu'il faut globalement avec le secteur privé, c'est un « pacte de solidarité » du même type que celui de la fonction publique : la masse salariale reste la même pour l'entreprise – afin qu'aucun changement n'impacte sa compétitivité –, mais elle est répartie plus justement entre les hauts et les bas salaires, sans même discuter de la « valeur » ou de la « compétence » des plus hauts dirigeants pour justifier les écarts actuels. C'est même cet argument qu'il faut retourner pour faire admettre aux plus puissants qu'ils doivent faire preuve de solidarité. Mais, à l'évidence, seul un « seuil suffisant de puissance » de la part du politique peut contraindre le secteur privé à un tel résultat.

Quoi qu'il en soit, dans une société basée sur la solidarité, les écarts de salaires ne doivent pas dépasser une juste mesure. De 1 à 20 ? De 1 à 60 ? Davantage ? La négociation est ouverte. Mais personnellement, si je vivais avec 20 fois le SMIC, j'estimerais être bien doté, quelle que soit la valeur que je m'accorde. Et l'immense majorité des Français pense de même.

Au-delà d'une répartition plus juste des revenus de chaque citoyen, il reste toute une série de mesures que les États-Unis d'Europe devront prendre – et que, là aussi, nous serions avisés d'adopter en France sans trop attendre. Ces mesures sont en adéquation avec *l'essence* de la société recherchée et tout ce qui a été dit sur les huit défis que nous avons à relever. Les voici :

— En ce qui concerne la santé et le système social, le secours en mer, en montagne ou ailleurs, aucune « privatisation » ne doit être entreprise. La solidarité fédérale n'est pas négociable. Elle implique la prise en charge des frais des plus démunis par les mieux nantis. Si ces derniers trouvent la charge trop lourde à porter sur leurs épaules et partent à l'étranger pour cette raison, c'est que nous n'avions, en réalité, pas besoin d'eux. Il est à parier que leurs adjoints feront aussi bien qu'eux en prenant leur place. Et l'on verra que le vieil adage, selon lequel les cimetières sont remplis de gens indispensables, se révèle exact. Il faut, en revanche, largement améliorer le système social tel qu'il est fait. Les critiques qui lui sont adressées sur ses gabegies, ou les fraudes dont il est victime, sont souvent fondées mais peuvent être corrigées.

— Les organismes de défense des libertés publiques contre la société de surveillance – la CNIL en France – deviendront de grandes agences fédérales aux pouvoirs contraignants. On leur donnera aussi pouvoir sur la régulation drastique d'un autre fléau de nos démocraties : les lobbies. Il en existe de toute nature, chacun le sait, et leur capacité d'influence ne cesse de croître, ne servant jamais que des intérêts privés ou partisans.

— Une autre agence fédérale doit être créée pour la régulation ferme de la publicité et de tout ce qui s'y rattache. Nous ne devons plus voir nos vies continuellement parasitées par l'inutile et nos espaces publics saccagés par l'insignifiance. Ce combat pour la liberté de nos vies intérieures mérite d'être mené. Mille pistes existent pour tenir à distance cette malédiction qu'est l'excès de publicité, sans pour autant nuire aux entreprises. Par exemple, les contraindre toutes, par la loi, à un seuil égal et modeste d'intervention publicitaire qui les laisse à égalité de compétitivité.

— Dernière agence fédérale enfin, celle qui régulerait les abus de position dominante et autres fléaux du même type dans les rapports économiques. Ce qui est fait aujourd'hui en France, comme dans l'UE, avec les différentes autorités de la concurrence, est relativement efficace et pourrait l'être encore davantage si une centralisation fédérale regroupait toutes ces forces.

Nombre d'autres mesures seraient à prendre dans de multiples secteurs, mais l'objet d'un manifeste se doit, par nature, d'être aussi bref qu'incisif, en traçant simplement les lignes essentielles d'un projet de société et l'esprit qui y préside.

Si survient le sursaut que nous appelons de toutes nos forces, nous pourrons tendre enfin vers la puissance nécessaire à notre existence future et parvenir à avancer vers ce destin qui doit être le nôtre : les États-Unis d'Europe.

Pour conclure en action

Nous voici parvenus au terme de ce long voyage vers les côtes d'une Europe civilisationnelle entièrement refondée. Ce ne sont plus désormais, je l'espère, des terres étrangères, mais des rivages simplement lointains. Je forme des vœux pour que les contours de ces rivages, aussi indécis soient-ils encore, redonnent à nos cœurs comme à notre esprit cette envie d'explorer qui a si longtemps été la nôtre. J'ai essayé de dessiner les côtes de ces États-Unis d'Europe dans l'espoir qu'une telle cartographie puisse tracer un chemin modeste pour naviguer entre les récifs et les écueils bordant l'avenir. Je n'ai pas la prétention d'avoir décelé tous les périls ni même d'avoir trouvé la route la plus sûre. Je laisse à chacun le soin d'en décider. Du moins ai-je tenté l'effort. Si d'autres vigies veulent me venir en aide, elles sont les bienvenues et je leur en saurai gré.

Bien d'autres avant moi ont pensé, et estimé, que les États-Unis d'Europe devaient être le destin final de notre continent commun, pour sa sauvegarde et la permanence de ce que nous sommes. Il est plus que temps d'entreprendre ce vaste projet dont les premiers pas sont à l'échelle d'une génération et, en eux-mêmes, constituent déjà un message pour la jeunesse.

De « nouvelles terres politiques » sont à conquérir, nécessitant de porter notre regard à l'extérieur de nos frontières intérieures, vers des horizons plus exaltants et moins incertains. Il ne faut plus hésiter. Ces terres nouvelles nous permettraient de défendre tout ce qui doit l'être sans commettre les erreurs de l'affreux XXe siècle et sans renoncer à l'invention de nouvelles formes démocratiques.

Pour finir, on pensera ce que l'on veut de ce manifeste, mais du moins ne pourra-t-on lui reprocher de s'aligner sur l'air du temps ou le brouhaha des campagnes électorales. Il chante une autre musique. Et je demeure convaincu que *Faire de grandes choses ensemble*, de ces choses jamais vues, est le dernier rêve collectif encore en notre possession.

Table

Du même auteur (suite)

L'Aventure, pour quoi faire ? (collectif), Points-Seuil.
L'Aventure, le choix d'une vie (collectif), Points-Seuil.
La Mer pour aventure (collectif), Points-Seuil.
Éthique du samouraï moderne, Grasset, Points-Seuil.
Bonjour monsieur Orwell, Gallimard.
Avec les Kurdes, Gallimard.
Dictionnaire amoureux de la Corse, Plon.
Le Goût du risque (avec A. Marcolongo et L. Finaz), Grasset.

Récits
L'Exode vietnamien, Arthaud.
Ils ont choisi la liberté, Arthaud.
Paona (avec A. Boinet et D. Lagourgue), Éditions de l'Archipel.
Quatre du Congo, in *Premières Expéditions*, Points-Seuil.
Terre Farouche, in *Premières Expéditions*, Points-Seuil.
La Folle Équipée, Points-Seuil.
Qui a bu l'eau du Nil, in *Grandes Traversées*, Points-Seuil.
Raid Papou, in *Grandes Traversées*, Points-Seuil.
Trois ans sur la dunette, Points-Seuil.
Avant la dernière ligne droite, Arthaud, Points-Seuil.
Mourir pour Kobané, Perrin, « Tempus ».
Patrouille au Grand Nord, Grasset.

Albums
Chasseur d'horizon, Filipacchi.
« La Boudeuse » en Amazonie (avec N. Clérice), Glénat.
La vie que j'ai voulue, Seuil.

Autres
Patrice Franceschi et « La Boudeuse », de Valérie Labadie, Seuil, Points-Seuil.

Pour en savoir plus
sur les Éditions Plon
(catalogue, auteurs, vidéos, actualités...),
vous pouvez consulter
www.plon.fr
www.lisez.com

lisez!

et nous suivre sur les réseaux sociaux

Editions Plon

@EditionsPlon

@editionsplon

#lisez! engagé
www.lisez.com
Pour plus d'information :
Imprimé sur du papier issu de forêts gérées durablement.

CET OUVRAGE A ÉTÉ ACHEVÉ D'IMPRIMER SUR ROTO-PAGE
PAR L'IMPRIMERIE FLOCH À MAYENNE EN MARS 2024

N° d'impression : 104470
Imprimé en France